AF318130
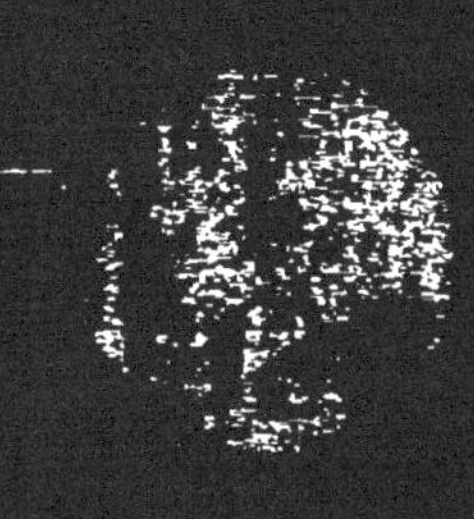

HISTOIRE

DE LA

GUERRE DE 1870

PAR

ALFRED BERTEZÈNE

Illustrations et Portraits

NAPOLÉON III

LE MINISTÈRE OLLIVIER

LE 4 SEPTEMBRE 1870

L'histoire qu'on enseigne dans les écoles, même dans les écoles républicaines, est un tissu de mensonges. Une immense ignorance enveloppe notre pays.

TOME I

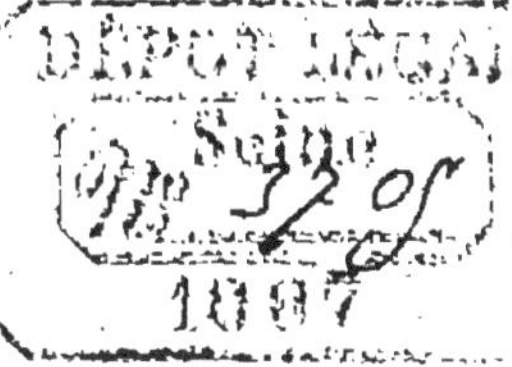

PARIS

Aux Bureaux du Journal **LA VOIX DE PARIS**

12, rue Grange-Batelière, 12

1897

OUVRAGES D'ALFRED BERTEZÈNE

I. — HISTOIRE DE CENT ANS ou de TROIS RÉPU-
BLIQUES (1792-1848-1870). Deux volumes de 420 pages.
Ouvrage épuisé.

II. — POLITIQUE SCIENTIFIQUE. — Sommaire : Bases et
principes ; de la Vérité ; de l'Histoire ; des Légendes ; des
Partis forts ; Principe de gradation ; Equation de l'Homme ;
Problème social ; la Basse-République ; les Gouvernements ;
la Science. *Epuisé.* Reparu en 1891, dans la *Voix de Paris*.

III. — LA RÉVOLUTION, poème. — Sommaire : I. Les Reli-
gions. II. La Révolution française. III. La Science. La 14e
édition, revue, vient de paraître à la Bibliothèque socialiste, 51, rue Saint-Sauveur. — Prix 1 fr. *Envoi franco*

IV. — LES CAMISARDS et la DAME BLANCHE DES
CEVENNES. roman historique sur les guerres de religion,
de Louis XIV à nos jours. Grassart, libraire, 2, rue de la
Paix, à Paris et H. Robert, éditeur, à Genève. Prix 2 fr. 50.
Envoi franco.

V. — LA FIANCÉE DE SAN-REMO. — Episode sur les guerres de l'Indépendance italienne. — Palestro ; Rome intan-
gible ; le Pape, l'Italie et la France. — Librairie du Progrès,
11, rue Bertin-Poirée, Paris. — Prix 1 fr. *Envoi franco.*

VI. — LE JEU. Etudes scientifiques et psychologiques ;
Baccarat, Roulette, Bourse. *Epuisé.*

VII. — LETTRE *à M. le Procureur de la République,
Chenest, à Paris* sur les Cercles. Nouvelle édition. Mai
1896 Brochure in-16. Librairie de la *Voix de Paris. Epuisé.*

VIII. — MÉMOIRE à l'ACADÉMIE DES SCIENCES. — Des Pro-
babilités ; Sommation de nombres ; Carré arithmétiques ;
Théorie mathématique du Baccarat ; Pôles et Polaires.
Suivi de *Morceaux choisis* du poème *La Révolution.*
Epuisé.

AVERTISSEMENT

On a dit que le Français ne savait pas la Géographie ;
il sait encore moins l'Histoire. Et par *Français* je n'entends pas seulement les humbles, les déshérités de la
science et de la fortune ; non ; nos hommes d'Etat, nos
sénateurs, nos députés, que dis-je ? nos historiens les
plus en vogue eux-mêmes n'ont aucune notion précise de
ce qu'est la véritable Histoire.

J'admire Henri Martin écrivant vingt volumes sur
l'Histoire de France. Or, un jour, en feuilletant un de
ses opuscules sur le Siège de Paris, j'ai constaté qu'il
n'avait absolument rien compris à la journée du 31 octobre 1870. C'est pourtant ce même homme qui sait point
par point ce qui s'est dit entre Catherine de Médicis et
Charles IX, au Louvre, par une belle matinée de l'année 1572, ou qui prétend nous initier aux secrets de
la cour de Fontainebleau, sous François Ier.

Je me demande comment un écrivain qui ne sait même
pas ce qu'ont été Jules Favre, Trochu et Gambetta, peut
savoir ce qu'a été Catherine de Médicis ?

Et Louis Blanc ? Dans son *Histoire de la Révolution
Française*, à la fin du chapitre *Les Clubs*, il s'écrie :
« A côté du bien, pourquoi le mal ? Demandez à Dieu ! »

J'avais cru, en prenant les ouvrages de Louis Blanc,
que cet écrivain était en situation de m'éclairer lui-même
sur les événements qu'il raconte. Du moment qu'il me
renvoie à Dieu, je n'ai que faire de perdre mon temps à
le lire. Dieu, d'ailleurs, ne me répondrait pas.

Moi, je ne renvoie pas mes lecteurs à la Divinité. Je ne
traite que de ce que je connais, et je prétends les édifier
moi-même de manière complète sur les événements que
je rapporte.

Aussi, en présentant au public cet ouvrage, dans

lequel on voit aux prises cinq ou six partis politiques, il ne me paraît pas inutile de déclarer que je ne tiens à plaire à aucun. Tel attaque le duc d'Orléans ou le prince Victor qui va exalter à tort Gambetta ; tel attaque Gambetta qui hésitera à dire ses vérités à Ferry, et tel dira ses vérités à Ferry ou à M. Constans qui se garderait de déplaire à Rochefort en attaquant le général Boulanger.

De tout temps, les écrivains ont eu quelqu'un à ménager.

Ici, l'on n'est l'ami de personne, pas même du peuple qui, souvent, ne vaut pas mieux que ses gouvernants. Ici, nul — monarchiste, républicain ou socialiste — ne trouve grâce s'il n'est un véritable défenseur du Droit.

— Quoi ! me dit-on, attaquerez-vous aussi les républicains ?

Et pourquoi pas ? Etre républicain constituerait-il, par grâce spéciale, un brevet de vertu, de talent et de désintéressement ? Les républicains ne sont-ils pas des hommes, et, comme tels, en proie, tout comme les royalistes, aux passions humaines, à l'envie et à la cupidité ? Il serait vraiment plaisant qu'il suffît de se dire antimonarchiste pour jouir d'une immunité absolue ! Le penseur va-t-il désarmer devant des incapables, des ambitieux et des panamistes sous prétexte que ce sont des républicains ?

— Vous compromettez la République elle-même ! me dira-t-on enfin.

Et que m'importe de compromettre la République, si je ne compromets pas le Progrès ? Que la République soit, comme on l'a dit, au-dessus du suffrage universel, c'est possible ; mais au-dessus de la Vérité et de la Justice, jamais !

ALFRED BERTEZÈNE.

HISTOIRE

DE LA

GUERRE DE 1870

I

NAPOLÉON III

**Le Président et Victor Hugo. — Le second Empire.
Ministère Ollivier.**

I. Louis Bonaparte, fils du roi de Hollande et de la reine Hortense, était devenu, par la mort du duc de Reichstadt, en 1832, l'héritier direct des droits que pouvait avoir au trône de France la dynastie napoléonienne. Ce prince, à Strasbourg en 1836, à Boulogne en 1840, avait essayé de soulever les populations et de renverser Louis-Philippe. Il avait échoué. La dernière tentative lui avait valu une condamnation à la détention perpétuelle. Enfermé au fort de Ham, il réussit, en 1846, à s'évader sous un déguisement et se retira en Angleterre. Après la Révolution de Février, il était revenu à Paris. Sur les instances de M. de Lamartine, membre du Gouvernement provisoire, « et pour ne pas augmenter, a-t-il dit lui-même, les difficultés du moment, » il avait consenti à s'éloigner. Aux élections complémentaires de juin 1848, il fut porté par le département de la Seine à l'Assemblée. Voyant la mauvaise tournure que prenaient les événements, il comprit qu'il était plus sage et plus habile à la fois de se réserver, et il déclina le mandat législatif. Ses partisans n'en poursuivaient pas moins leur propagande dans le pays; après les journées de Juin, le terrain déblayé des questions sociales, ils se mirent à l'œuvre avec un redoublement d'activité ; et le 13 septembre 1848, cinq départements nommèrent en même temps le Prince Louis représentant du peuple.

Sur le rapport approbatif de Jules Favre, l'Assemblée, malgré la loi qui bannissait les membres de la famille Bonaparte, prononça la validation des élections du 13 septembre. Le Prince fut admis à siéger.

Parmi les journaux qui, à cette époque, poussaient le plus ardemment au triomphe du bonapartisme, était l'*Evénement*, fondé le 1er août par la famille Hugo, avec MM. Paul Meurice et Auguste Vacquerie comme principaux rédacteurs. Quoi ! me dira-t-on, sont-ce les Victor Hugo des *Châtiments*, les Meurice et les Vacquerie du *Rappel* de 1868 ? Eux-mêmes !

Le journal portait au frontispice ces mots du poète :

Haine vigoureuse de l'Anarchie.

Haine de l'anarchie signifiait haine des institutions démocratiques. D'ailleurs, Hugo, patronné par M. de Falloux, se faisait gloire, ainsi que ses collaborateurs, de sentiments réactionnaires. Le 10 décembre, la France était appelée à nommer le Président de la République. Victor Hugo soutint de toutes ses forces la candidature du Prince. On lit dans le numéro du 28 octobre 1848 : « On peut tenir dès aujourd'hui pour assurée l'élection de M. Louis Bonaparte. Ce qui l'entoure, c'est le prestige, c'est la lumière. La conscience de la France a son bruit comme les profondeurs de la mer. Quand la marée monte, on l'entend avant de la voir. C'est l'instinct de la France qui la pousse vers ce nom éclatant ; car le soleil d'Austerlitz, s'il s'est couché sur le monde, ne se couchera jamais sur l'histoire ! Ce nom, Napoléon, *quel que soit l'homme qui le porte*, veut dire tant de choses ! Il veut dire Marengo, Austerlitz, Iéna. »

Le 3 décembre 1848, à la veille de l'élection présidentielle, l'*Evénement* s'écriait : « Pas un nom éclatant ne prête son autorité à la candidature de M. Cavaignac.

Parmi les partisans de M. Louis Bonaparte, au contraire, nous trouvons MM. Bugeaud, Thiers, Odilon-Barrot, Victor Hugo, de Broglie, Montalembert. Le *Siècle* ajoute celui de M. Guizot, et nous ne récusons pas, certes! cet auxiliaire... Quant à la foule, à défaut de science, elle interroge son cœur. Le nom de Napoléon Bonaparte veut dire pour elle : ordre, force et gloire. Elle vote pour ce nom. »

Lorsque les politiciens de l'*Evénement* auront intronisé à nouveau un Bonaparte ; quand ce Bonaparte, maître du pouvoir, aura refusé de les prendre à son service, alors ils éclateront en injures contre lui. Avant peu, *malgré le nom qu'il porte*, le prince Louis ne sera plus, pour Victor Hugo, qu'*Augustule* et *Napoléon-le-Petit!*

II. L'élection présidentielle arrive. Le chef du Pouvoir exécutif, Cavaignac, seul concurrent sérieux de Louis Bonaparte, avait les sympathies de la bourgeoisie ; mais la répression sanglante de Juin lui avait aliéné les masses ; d'un autre côté, les réactionnaires, toujours à l'affût d'une restauration monarchique, étaient hostiles au Général à cause de la droiture de son caractère et de la fermeté de ses opinions libérales. Quant aux candidats avancés, Raspail, Ledru-Rollin et Lamartine, ils ne pouvaient guère compter que sur les *Rouges* et les débris épars des sociétés secrètes.

La journée du 10 décembre 1848 fut un triomphe pour le Prince. Dans les campagnes, on vota d'acclamation. Les Volontaires de la Première République, encore verts, et les grenadiers du Consulat et de l'Empire, revêtant leurs légendaires habits bleus, allèrent aux urnes tambour battant et enseignes déployées.

Résultat du scrutin :

LOUIS BONAPARTE........ Cinq millions 560,000 voix.
GÉNÉRAL CAVAIGNAC..... Un million 469,000 —
LEDRU-ROLLIN............. 370,000 —

« Comment rendre, s'écriait Victor Hugo, dans l'*Evé-*

nement du 17 décembre, l'impression de joie et d'orgueil qu'on ressent à parcourir ces listes chaque jour plus longues ; à entendre ce chœur toujours grossissant, toujours harmonieux de toutes les voix de la France ? Louis Bonaparte n'est pas seulement nommé, il est acclamé. »

Les républicains comprirent alors la faute immense qu'ils avaient commise en abrogeant la loi de bannissement des Bonaparte. Mais il était trop tard. Il n'y avait qu'à s'exécuter. Le 20 décembre 1848, M. Waldeck-Rousseau dépose son rapport sur l'élection présidentielle. Les conclusions en sont adoptées. Immédiatement après, le général Cavaignac monte à la tribune : « J'ai l'honneur, dit-il, d'informer l'Assemblée que MM. les ministres ont remis entre mes mains leur démission collective. A mon tour, je remets entre les mains de l'Assemblée les pouvoirs qu'elle m'avait confiés. » Le président de la Chambre, Armand Marrast, se lève alors et, au milieu d'un religieux silence, proclame Louis Bonaparte Président de la République pour quatre ans.

Le prince prêta serment ; puis, sortant de l'Assemblée, monta en voiture et escorté d'un détachement de dragons alla prendre possession du palais de l'Elysée.

III. Le premier ministère de Louis Bonaparte fut formé avec les éléments du centre droit réactionnaire. Les coalisés, légitimistes et orléanistes, qui, de concert avec les napoléoniens, avaient porté le Prince à la présidence, eurent leur large part de pouvoir. Le portefeuille de l'instruction publique, objectif des cléricaux, fut donné à l'un de leurs fidèles, M. de Falloux... à l'exclusion de Victor Hugo, qui le convoitait. Son journal, l'*Evénement*, disait à cette occasion, sur le mode plaintif : « Il nous est impossible de ne pas déplorer l'absence d'un *grand gouvernement*, d'un cabinet *rayonnant, illustre* et fort. M. Louis Bonaparte eût pu dissiper les scrupules, réunir tous les talents, toutes les hautes renommées dans le même faisceau et inaugurer splendidement l'année qui s'ouvre !... Votre cabinet, prince, était alors à lui seul aussi grand que la France ! Ces six millions d'hommes qui vous avaient porté à la présidence vous exhaussaient de plus en plus ; et, sous l'effort puissant de tous ces bras levés, vous arriviez si haut que vous touchiez déjà au sommet de la Colonne, et que vous approchiez de l'Empereur ! »

La presse souligna malicieusement les lamentations de la famille Hugo. Le *Siècle*, entre autres, l'engagea à plus de tenue : « L'*Evénement*, dit-il, aurait préféré un cabinet plus *éclatant ;* et il y a des noms *illustres* dont il regrette l'absence. »

. Le nouveau ministère, à peine entré en fonctions, organisa, de concert avec l'Elysée, sur tout le territoire, un vaste pétitionnement pour amener la dissolution de l'Assemblée Constituante, qui, dans l'élection pour la Présidence, avait pris position contre Louis Bonaparte. La Chambre, le 12 février, dut déclarer qu'elle résignait son mandat, et fixa les élections générales au 13 mai suivant. Elles donnèrent la majorité aux réactionnaires. Les Hugo et les Vacquerie raillent les vaincus : « Ceux des socialistes qui gagnent les vingt-cinq francs par jour sont enchantés. Ceux qui les perdent sont mécontents. Les socialistes ! Judas affamés, qui n'eussent jamais trahi le Christ s'il leur eût dit : « Mangez, ceci est ma chair ; buvez, ceci est mon sang. » Le citoyen Thoré dit aujourd'hui d'assez bonnes vérités au citoyen Proudhon. Les socialistes s'injurient en gens qui se connaissent. »

IV. En dépit des avances de l'*Evénement*, malgré les gages donnés et les services rendus à la cause de l'Ordre, Hugo ne fut pas compris dans la promotion de ministres ! MM. Dufaure et Lanjuinais l'emportèrent sur le poète.

C'en était trop ! Il déterre la hache et s'engage sur le sentier de la guerre. Le Prince-Président ayant adressé, le 7 juin, un Message à la nouvelle Assemblée, Victor Hugo le passe au crible : « Le Message si impatiemment attendu, dit-il, est long à lire, court à résumer. Nulle part la politique présidentielle ne s'élargit à la mesure de la pensée. »

I   1.

NAPOLÉON III

(Louis-Napoléon Bonaparte)

L'*Evénement*, si dur tout à l'heure pour les socialistes, s'éprend maintenant de la plus vive sollicitude pour les théories démocratiques. Le Président ne s'en préoccupe pas assez : « Le Message ne parle pas de ces graves querelles qui se sont élevées depuis un an entre le capital et le travail. Qu'il ne prononce pas le mot de Socialisme, nous ne lui en faisons pas un grief ; mais il ne devait pas omettre les questions sociales dont le Socialisme s'est emparé et qu'il a eu l'*adresse* de personnifier aux yeux des masses. Il y a, au fond de toutes ces théories chimériques, une souffrance réelle qui exige l'attention *immédiate* du pouvoir. Ce n'est pas pour substituer M. Louis Bonaparte à Louis-Philippe qu'a été faite la révolution de Février. »

C'était évidemment pour substituer Hugo à Guizot !...

V. Nommé par un plébiscite, le prince était devenu l'égal et par suite l'antagoniste de l'assemblée. La majorité réactionnaire ayant ses candidats au trône, autres que lui, les rivalités de prérogatives, les conflits d'attributions étaient fatals entre les deux pouvoirs exécutif et législatif.

Aux intrigues des monarchistes en vue d'une *fusion* des maisons de Bourbon et d'Orléans, aux visites de députés royalistes à Wiesbaden, auprès du comte de Chambord, duc de Bordeaux, et à Claremont, après la mort de Louis-Philippe, le prince riposta en faisant organiser par la société politique dite du *Dix-Décembre*, un vaste pétitionnement pour la prolongation de ses pouvoirs, expirant en mai 1852. Le 9 janvier 1851, il lança une véritable déclaration de guerre à l'Assemblée : le général Changarnier, orléaniste avéré, était révoqué de ses doubles fonctions de commandant de la Garde nationale de la Seine et de chef de la première division militaire.

Enfin le 2 décembre 1851, Louis Bonaparte faisait chasser par ses généraux la représentation nationale.

Le peuple, à Paris, resta indifférent à une querelle de politiciens. Ceux qui l'appelaient aux armes étaient les Garnier-Pagès, les Favre, les Simon et les Victor Hugo, c'est-à-dire les mêmes hommes qui l'avaient fait mitrailler trois ans auparavant, aux terribles journées de juin. Les faubouriens dirent à Schœlcher : « Nous ne voulons pas nous faire casser la tête pour une Assemblée qui nous a traités plus cruellement que ne le pourra jamais faire un despote. »

A Jules Vallès et à ses amis — la jeunesse des écoles d'alors : « Bourgeois, est-ce votre père ou votre oncle qui nous a exécutés en juin ? »

A Esquiros : « Que voulez-vous que nous fassions ? Vous nous avez désarmés. Il n'y a plus un fusil dans le faubourg ! »

A Baudin : « Est-ce que vous croyez que nous allons nous faire tuer pour vous conserver vos vingt-cinq francs par jour ? »

Baudin répliqua : « Vous allez voir comment on meurt pour vingt-cinq francs. »

Et quand il l'eut montré, quand il fut tombé sous les balles, revêtu de l'écharpe tricolore, au coin de la rue Sainte-Marguerite, le peuple, après avoir salué, comme il salue toujours devant un acte héroïque, renfonça sa casquette sur sa tête pour regarder passer ses maîtres de la veille, encadrés de gendarmes.

Ce même jour, vers onze heures du matin, M. Suisse (Jules Simon) remontait avec quelques amis le boulevard Montmartre. Ils virent venir à eux Victor Hugo. Il prit la main de M. Suisse : « Croyez-vous, lui dit le poète, que, si je me fais tuer et si l'on porte mon cadavre rue de la Harpe, le quartier Latin se soulèvera ? — Je n'en doute pas », répondit Jules Suisse.

Notons ce joli trait de Hugo demandant si le quartier Latin se soulèverait au cas où il se ferait tuer, et, sur réponse affirmative, s'empressant... de rentrer chez lui !

On le voit, le 2 décembre 1851 ne fut en définitive qu'un épisode comme on en rencontre souvent dans les luttes politiques et sociales. L'histoire n'aperçoit, dans le coup d'Etat de Louis Bonaparte, que le dénouement, prévu par tous et désiré par beaucoup, d'un tournoi politique.

Il ne faut pas se dissimuler en effet que l'immense majorité de la nation envisageait avec effroi l'échéance de mai 1852 et la retraite prochaine du Prince. Les partis, à l'occasion de la nouvelle élection présidentielle, allaient de nouveau se livrer un combat acharné, au détriment des intérêts supérieurs du pays. L'Assemblée, en s'opposant à une revision de la Constitution qui aurait permis au Prince de poser à nouveau sa candidature, avait fermé la porte à toute solution pacifique et poussé l'Élysée aux mesures extrêmes. Dans l'état d'absolue désagrégation des partis, la défaite du Président aurait été le signal d'une effroyable guerre civile. Que serait-il sorti du bouleversement général ? Comment l'équilibre se serait-il rétabli ? Au profit de qui ? On ne le voit pas. Les réactionnaires étaient profondément divisés, les uns tenant pour le duc de Bordeaux, les autres pour le comte de Paris. Quant aux républicains, comme déjà en 1848, ils eussent été incapables de s'entendre sur un programme défini. En face d'un aussi redoutable inconnu, il est naturel que la société française se soit tournée vers le Prince comme vers un sauveur, et que le monde des affaires et la grande industrie aient soutenu la politique de l'Elysée.

Et cependant le coup d'Etat du 2 décembre fut une faute énorme. Louis Bonaparte, du haut de ses six millions de suffrages de 1848, dominait la situation et pouvait écouter impassible les clameurs des partis s'agitant au-dessous de lui, dans l'arène politique. Que risquait-il ? Que pouvait-on contre lui ? L'attente lui donnait la victoire. Toute proposition votée devenait inutile contre un Président affirmant hautement sa ferme intention de ne pas sortir de la légalité. Avant mai 1852, ou bien l'Assemblée, de plus en plus discréditée, aurait voté la revision, sous la pression irrésistible de l'opinion publique, ou bien les Parisiens, fatigués d'agitations stériles, seraient eux-mêmes intervenus, comme ils ont fait le

1er décembre 1887 pour Grévy, que certains politiciens parlaient de remettre sur pied, et auraient jeté dehors, par les basques de leurs habits, les Favre, les Hugo, les Garnier-Pagès, les Madier-Montjau et les Falloux.

Pendant qu'on le conduisait en voiture à Mazas, le général Changarnier dit au commissaire de police : « Le Président était sûr de sa réélection. C'est se donner bien inutilement la peine d'un coup d'Etat. » C'est là une parole significative et qui vient à l'appui de ma thèse. Croit-on, en effet, que les six millions d'électeurs de 1848 auraient capitulé devant une poignée d'intrigants et laissé déposséder leur élu ? Renversé, il serait revenu plus fort.

Le prince aurait peut-être attendu ; mais l'entourage était impatient d'en finir. M. de Morny, surtout, fils naturel de la reine Hortense et du comte de Flahaut, et par suite frère utérin du Président; M. de Morny, jaloux, comme le sont toujours les enfants sans état civil, de la fortune inespérée du fils légitime, M. de Morny fut le mauvais génie du prince. Par lui, le palais de l'Elysée s'ouvrit à une troupe d'aventuriers, de danseurs de cotillon, de viveurs criblés de dettes et aspirant à se refaire une situation par la politique. C'est Morny, leur digne chef, célèbre par ses orgies et ses débauches, qui pousse Louis Bonaparte au coup d'Etat.

On dit que dans la nuit du 2 décembre à l'Elysée, M. de Morny, voyant que son frère refusait de donner l'ordre de disperser l'Assemblée, saisit un pistolet et le menaça de lui brûler la cervelle s'il reculait...

VI. Le scrutin du 20 décembre donna au dictateur 7 millions 445 mille *oui* contre 81 mille *non*. « Plus de 7 millions de suffrages m'ont absous, dit le prince à M. Baroche, qui lui présentait le recensement général des votes. Je suis sorti de la légalité pour rentrer dans le droit. »

Louis Bonaparte aurait voulu aussi rentrer dans la clémence et inaugurer son principat par la plus large amnistie. Mais, ci encore, il se heurta à l'opposition irré-

ductible de son frère. M. de Morny, ministre de l'intérieur, et l'entourage ne se croyaient pas assez affermis.
Ils déployèrent, pour consolider leur autorité et prévenir
tout réveil de l'esprit démocratique, une sévérité qui alla
jusqu'à supprimer le simple exercice de la liberté indi-
viduelle. Les préfets devinrent de véritables despotes,
concentrant dans leurs mains les pouvoirs civils, militaires et judiciaires. Des commissions mixtes, formées
d'un procureur, d'un général de brigade, d'un commandant de gendarmerie et du préfet, fonctionnèrent dans
chaque département et condamnèrent sans appel. Des
arrestations en masse furent opérées. Enfin, pour procéder avec plus de rapidité, un décret présidentiel ordonna
la transportation immédiate, à Cayenne et à Lambressa,
de tout individu ayant fait partie d'une société secrète.
Près de cent vingt mille republiçains, atteints par ce
décret, furent subitement arrachés à leurs foyers et dis-
parurent vers les régions équatoriales.

C'est ce que M. de Morny appela « *Envahir Paris et
la France par la terreur !* »

Le 20 novembre 1852, Louis Bonaparte était nommé
Empereur par sept millions huit cent mille voix. Le
duc de Reichstadt,, après l'abdication de Fontainebleau,
en 1814, ayant été un moment Napoléon II, Louis
Bonaparte devint Napoléon III.

Le régime dictatorial inauguré au 2 décembre devait
cependant avoir une fin. L'appareil formidable des lois
impériales devait se détendre un jour. Un temps devait
venir où, selon les paroles mêmes du Dictateur, « La
Nation aurait plus de part au gouvernement; où, les
passions étant calmées, l'Administration serait plus
douce et plus tolérante. »

Après les brillantes victoires de Magenta et Solférino,
et la signature du Traité de Commerce (22 janvier 1860).
l'Empereur, par un décret en date du 24 novembre,
modifia la Constitution de 1852 dans un sens libéral,
donna au Sénat et au Corps législatif le droit d'Adresse,
et autorisa la publication des débats parlementaires.

C'était un premier pas vers ce qu'il appelait *le couron-
nement de l'édifice*. Un second fut fait en 1867.

Le 19 janvier de cette année, Napoléon III crut qu'il
pouvait enfin, sans péril pour la dynastie, inaugurer un
régime de liberté. Il adressa au ministre d'Etat,
M. Rouher, une lettre dans laquelle il lui indiquait les
réformes à accomplir et appelait spécialement son attention sur la suppression de l'autorisation préalable en
matière de presse et sur le droit d'interpellation au Corps
législatif.

L'opinion applaudit à cette initiative. Quoi qu'on ait
dit, il est certain que le régime impérial aurait pu con-
tinuer à rester dans la ligne dictatoriale inaugurée au
2 décembre 1851. Les attaques de l'Opposition l'effleu-
raient à peine, et nul n'aurait été assez fort pour enlever
à l'Empereur, s'il ne l'eût voulu, une parcelle de son
autorité.

Malheureusement, de trop longs atermoiements de la
part de ses ministres firent perdre à Napoléon III le
bénéfice de son initiative. M. Rouher laissa les réformes
annoncées par la lettre du 19 janvier traîner près de deux
ans dans les cartons. Elles étaient usées avant d'avoir été
votées. Les vieux bonapartistes les acceptaient de fort
mauvaise grâce. Pendant la discussion, M. Granier de
Cassagnac, s'adressant à Jules Favre et Picard qui les
trouvaient incomplètes, leur répondit durement : « Qu'à
cela ne tienne ; si vous n'en voulez pas, nous n'en voulons pas davantage. »

VII. La nouvelle loi sur la presse à peine votée (mai
1868), les haines longtemps contenues se déchaînèrent.
Delescluze et Quentin dans le *Réveil*, Rochefort dans la
Lanterne, Flourens, Ranc, Félix Ducasse, Briosne,
Peyrouton, Vermorel et Millière, à la *Redoute* et aux
Folies-Belleville, harcelèrent sans relâche le pouvoir

L'ancienne rédaction de l'*Evénement*, les Hugo, les
Paul Meurice et les Auguste Vacquerie, fondèrent le
Rappel. Et l'on reprit la campagne d'injures de 1851.
Et la foule d'applaudir. Celui qui aurait voulu rappeler

le rôle joué au 10 décembre, lors de l'élection de Louis Bonaparte, par les mêmes Hugo et les mêmes Vacquerie, n'aurait pas été compris. Peut-être même le *Rappel* l'aurait-il accusé d'être vendu à la police impériale.

Le 1er novembre 1868, une manifestation des *Irréconciliables* eut lieu au cimetière Montmartre sur la tombe du député Baudin, tué, comme on a vu, sur une barricade, dans le faubourg Saint-Antoine. Le ministre de l'intérieur, Pinard, dispersa les manifestants et gagna « la bataille de Clichy ». L'*Avenir national*, le *Réveil* et la *Tribune* ouvrirent alors une souscription pour élever un monument à Baudin. Tous les ennemis de l'Empire applaudirent, et Berryer lui-même, un des chefs du parti légitimiste, envoya son offrande en l'honneur du martyr de la liberté. Les républicains, à cette occasion, portèrent aux nues la magnanimité et la largeur de vues de l'orateur du droit divin. Son adhésion fut célébrée sur tous les modes. C'est un des traits les plus remarquables du caractère des hommes de la Basse-République que cette propension à s'enthousiasmer à tout propos. Nos modernes démocrates ont l'acclamation facile, et nous les verrons successivement exalter, sans trop savoir pourquoi, Bazaine, Trochu, Gambetta et Grévy. L'Historien ne prend pas le change aussi facilement. Il pèse cette souscription de Berryer, et soudain évoquant le passé, il voit en juillet 1830 des centaines de héros tombant, comme Baudin, sur les barricades pour la défense de leurs droits. Il lui semble que ce n'est pas de l'or, mais du plomb que Berryer et les hommes de la légitimité envoyèrent à ce moment à ces nobles combattants... Dans cette bruyante adhésion d'un séide de l'Obscurantisme, il faut donc voir, non l'élévation d'une âme généreuse vers le Droit, mais la manœuvre déloyale d'un mécontent.

L'empereur, par ses avances à la Démocratie, avait cru la désarmer ; en réalité, il n'était arrivé qu'à raviver le souvenir du Deux-Décembre. Le ministère résolut de sévir. Le 14 novembre 1868, le *Réveil*, l'*Avenir national* et la *Tribune* furent traduits en police correctionnelle pour « manœuvres à l'intérieur ».

Depuis la nouvelle loi sur la presse, les délits de plume, soustraits à l'arbitraire du Gouvernement, étaient déférés aux tribunaux. Les journaux n'avaient pas eu trop à se féliciter du changement, car les juges de la 7ᵉ chambre, à leur tête le célèbre Delesvaux, se montraient inexorables. Comparution, condamnation s'équivalaient. Delescluze, résigné d'avance, se refusait à prendre un défenseur : « Je ne veux pas, disait-il plaisamment, qu'un avocat se serve de mon dos pour grimper à la députation. » Sur ces entrefaites, un aigrefin, Laurier, lui présenta au café de Madrid, alors quartier-général de la démocratie militante, un avocat obscur, ne gagnant pas cent écus au Palais, incapable de plaider à fond une question de mur mitoyen, et connu seulement dans les brasseries de la rive gauche, où il se posait en apôtre de la *Revendication* politique et sociale, Léon Gambetta. Delescluze lui donna carte blanche. Il lui dit, non de défendre, mais d'attaquer. C'était une aubaine inespérée pour notre tribun d'estaminet. Il prit du large :

« Un pareil procès a-t-il jamais été agité à aucune époque parmi les hommes ? Non ! Jamais ! Remontez jusqu'au temps d'Athènes, jusqu'au temps de Rome, cherchez s'il y a jamais eu un procès comparable à celui dont vous êtes saisis ! Quant à moi, je le dis avec toute l'énergie des forces qui vibrent dans mon être, j'ai beau interroger mes souvenirs, consulter l'histoire, jamais, non jamais, je n'ai rencontré un pareil duel entre le droit et le despotisme, entre la loi et la force, jamais je ne les ai vus si ouvertement ni si injustement aux prises dans cet éternel drame dont se compose l'humanité.

» Oui ! le 2 décembre, autour d'un prétendant, se sont groupés des hommes que la France ne connaissait pas jusque-là, qui n'avaient ni talent, ni honneur, ni rang, ni situation ; de ces gens qui, à toutes les époques, sont les complices des coups de la force, de ces gens dont on peut répéter ce que Salluste a dit de la tourbe qui entourait Catilina, ce que César dit lui-même en traçant le portrait de ses complices, éternels rebuts des sociétés régulières :

Ære alieno obruti et vitiis onusti.
Un tas d'hommes perdus de dettes et de crimes,

comme traduisait Corneille. C'est avec ce personnel que l'on sabre depuis des siècles les institutions... »

Le Président : « Maître Gambetta, je dois vous avertir que ces violences de langage vont me forcer à vous retirer la parole. »

Gambetta reprend : « Où étaient M. Thiers, M. de Rémusat ? Les représentants autorisés des partis orléaniste, légitimiste, républicain, où étaient-ils ? A Mazas, à Vincennes, tous les hommes qui défendaient la loi !

Tout s'était effondré sous l'attentat ! »

Le Président : « Maître Gambetta, je vous rappelle encore que vous ne tenez pas la promesse que vous aviez faite en commençant de ne point vous laisser entraîner.

L'orateur poursuit imperturbablement : « Cet anniversaire du 2 décembre, dont vous n'avez pas voulu, nous le revendiquons ; nous le prenons pour nous ; nous le fêterons toujours, incessamment ; chaque année, ce sera l'anniversaire de nos morts, jusqu'au jour où le pays, redevenu le maître, vous imposera la grande expiation nationale, au nom de la liberté, de l'égalité, de la fraternité. (S'adressant à l'avocat impérial :) Ah ! vous levez les épaules !

L'avocat impérial. — Mais ce n'est plus de la plaidoirie, cela !

Gambetta. — Sachez-le, je ne redoute pas plus vos dédains que vos menaces. En terminant, hier, votre réquisitoire, vous avez dit : Nous aviserons ! Comment ! avocat impérial, magistrat, homme de loi, vous osez dire : Nous prendrons des mesures ! »

Je ne m'étonne que d'une chose, c'est que le ministère public n'ait pas, en effet, requis sur-le-champ contre l'orateur. Ce qui ne s'est jamais vu, ce n'est pas un pareil procès, ni un tel attentat contre la liberté ; l'Histoire fourmille d'épisodes où la Force prime le Droit, et les Annales de l'humanité comptent de plus glorieux martyrs que Baudin... Non ! Ce qui ne s'est jamais rencontré, c'est un Gouvernement tout-puissant se laissant ainsi, en plein prétoire, traîner sur la claie par un orateur d'estaminet, sans notoriété comme sans valeur. Croit-on que le procureur Bouchez ou l'avocat général Sarrut permettraient aujourd'hui à Mes Jolibois ou Oscar de Vallée d'attaquer en termes aussi peu mesurés le Gouvernement de la République ?

A ces discours apprêtés, d'une éloquence douteuse, où l'orateur se met lui-même immédiatement en scène et fait parade de son *énergie* : « Je le dis avec toute l'énergie des forces qui vibrent dans mon être ! » on devient facilement un personnage dans certaines républiques : et ce que n'ont pu donner aux vétérans des luttes sociales, à Blanqui, à Barbès et à Delescluze, trente ans de loyaux services à la Démocratie, un tribun de hasard, protégé par sa robe, l'obtient sans risques en quelques minutes avec trois ou quatre phrases ronflantes.

Delescluze fut condamné à six mois de prison. Gambetta passa député quelques mois après.

VIII. Les élections générales du 23 mai 1869 amenèrent à la Chambre un groupe nombreux de libéraux. Dès l'ouverture des travaux législatifs, cent seize députés, appartenant au Centre gauche et à ce qu'on appelait alors la *Gauche ouverte*, signèrent une demande d'interpellation pour obtenir du pouvoir « qu'un ministère responsable fût constitué et que la Chambre eût le droit de régler les conditions organiques de ses travaux et de ses communications avec le Gouvernement ».

Le 2 janvier 1870, l'empereur, passant outre à la mauvaise volonté de l'entourage, faisait appeler l'un des promoteurs du mouvement réformiste, M. Émile Ollivier, et lui confiait la mission de former un ministère libéral. Les hommes les plus considérables du parti conservateur, Buffet, Daru, de Talhouët et Segris, donnant quittance au Deux-Décembre, se rallièrent à l'Empire et entrèrent dans le cabinet Ollivier. M. Thiers se montra sympathique au nouvel ordre de choses : « Mes idées sont assises sur ces bancs, dit-il en montrant l'hémicycle où siégeaient les nouveaux ministres. Nous avons maintenant les *libertés nécessaires*. L'empereur fait un pas considérable en choisissant un ministère dans le sein de l'opposition. Il faut encourager et récompenser un pareil sacrifice. Si cette tentative réussit, nous aurons sauvé le pays ; si elle échoue, on ne pourra pas nous reprocher d'être intraitables et de demander des choses dont au fond nous ne voulons pas. » Et l'orléaniste duc de Broglie ajoutait : « Nous pourrons peut-être faire l'économie d'une révolution. »

Quant à Emile Ollivier, il rayonnait: « L'empereur vient à moi, disait-il ; il est sauvé! Je lui ferai une vieillesse délicieuse! »

IX. L'opposition républicaine ne désarma pas. Elle n'avait qu'un but: organiser le désordre. L'Empire était insupportable aux Grévy, aux Glais-Bizoin et aux Jules Simon pour une foule de raisons, dont la première était qu'ils n'en étaient pas. La fureur des Ferry et des Gambetta contre Emile Ollivier provenait moins de ce qu'ils appelaient *sa défection* que du dépit de le voir installé sans eux à la table impériale. Le gouvernement cherchait-il à leur donner satisfaction en adoptant les réformes qu'ils réclamaient ? Ils se hâtaient de changer le thème de leurs récriminations. Le républicanisme de ces bourgeois n'était pas une opinion, ni un principe, c'était une carrière. Ferry, Victor Hugo, Gambetta et Simon s'étaient faits républicains comme d'autres se font notaires ou courtiers. Il n'y avait rien à tenter avec eux comme rapprochement. Si l'Empereur faisait un pas en avant pour les rejoindre, ils en faisaient immédiatement deux en arrière. Ils ne demandaient à Napoléon III qu'une chose, c'était de s'en aller.

Quant au progrès, c'était le moindre de leur souci. Et

la preuve, c'est qu'une fois au pouvoir, il sera impossible d'obtenir des Gambetta et des Ferry des réformes sérieuses. Toutes étaient urgentes, sous Napoléon III. Rien ne sera plus opportun, sous Gambetta.

X. Depuis le 2 décembre, tapi dans son île de Jersey, Victor Hugo, politicien déconfit, fielleux, se tenait à l'affût des moindres événements pouvant servir à déverser sa haine, s'emparant de tout, travestissant tout. Je relève dans ses *Châtiments* les passages suivants :

> Vers l'Élysée en joie, où sonne le tambour,
> Tous se hâtent, Parieu, Montalembert, Sibour,
> Rouher, cette *catin*, Troplong, cette *servante*...
>
> . . . .
>
> Faussaires, meurtriers, escrocs, forbans, voleurs,
> Ils savent qu'ils auront, comme toi, des malheurs.
> Leur soif en attendant vide la coupe pleine,
> A ta santé ; Poissy trinque avec Saint-Hélène.
> Nous sommes les neveux du grand Napoléon ! —
> Et Fould, Magnan, Rouher, Parieu, caméléon,
> Font rage...
> Flamboyez, noms maudits !
> Morny, Maupas, Magnan, Saint-Arnaud, Bonaparte !
> Cinq hommes ! Cinq bandits !

Ce n'est plus là de la Poésie ; ce sont des injures grossières comme on en n'entend que chez les rôdeurs de barrières.

Le parti républicain (qu'il faut se garder de confondre avec le parti socialiste, lequel compte des hommes de cœur et de conviction), donc la tourbe républicaine pousserait des cris horribles de réprobation si, indigné à l'aspect de la capitulation de Paris, des massacres de mai 1871 et des vols perpétrés sous Grévy et Carnot, et ne respectant pas ma plume, je m'étais écrié, dans ma *Révolution :*

> Flamboyez, noms maudits !
> Trochu, Grévy, Carnot, Gambetta, Jules Favre,
> Cinq lâches, cinq bandits !

Quand la guerre de Russie éclata, en 1854, le maréchal Saint-Arnaud se rendit en Crimée et s'y conduisit de la manière la plus brillante. Le 20 septembre, il remportait la victoire de l'Alma ; il mourut du choléra, huit jours après, à bord du navire qui le transportait à Thérapia. Le jour de la bataille, maîtrisant sa souffrance, il était resté à cheval, ayant déjà la mort dans les entrailles. Tous les partis s'étaient inclinés devant sa fin héroïque et glorieuse. Victor Hugo, lui, trépigne sur son cadavre. Dans ses *Châtiments*, trois cents vers durant, il traîne dans la fange, le traitant de *bandit*, de *chien*, de *reître*, de *galérien*, de *traître*, de *Mandrin*, de *Lacenaire*, de *Papavoine*, de *lâche*, le commandant en chef de l'armée d'Orient, le général qui vient de conduire nos soldats à la victoire, de restaurer, en face de l'Europe, l'honneur des armes Françaises, secoue sur lui ses strophes furieuses et termine enfin par ces suprêmes injures :

> Ayant son crime au flanc qui se changeait en dartre,
> Les boulets indignés se détournant de lui,
> Vil, la main sur le ventre, et plein d'un sombre ennui,
> Il voyait pâle, amer, l'horreur dans les narines,
> Fondre sous lui sa gloire en allée aux latrines.
> Il râlait ; et hurlant, fétide, ensanglanté,
> A deux pas de son champ de bataille, à côté
> Du triomphe englouti dans l'opprobre incurable,
> Triste, horrible, il mourut !...

Jamais poète ne prostitua sa plume d'une façon plus indigne. On lit à ce propos dans ma *Politique scientifique* : « Un jour, à Saint-Germain, on me montrait une avenue Gambetta ! Mais la République a changé le nom de la rue du maréchal Saint-Arnaud. Et cependant, Saint-Arnaud était, comme on a vu, un vaillant homme de guerre, qui avait généreusement versé son sang sur maints champs de bataille pour la patrie française. Gambetta ne se répandit qu'en proclamations. Il n'a combattu que sur les balcons, loin des balles et des obus. L'indignation saisit le penseur en voyant un Hugo et une tourbe d'aigrefins qui, en 1870, n'ont pas perdu un cheveu de leurs têtes, jeter l'insulte à un soldat expirant. Gambetta a-t-il donc fini plus brillamment? Si le maréchal Saint-Arnaud avait, comme ce dernier, commandé à distance, les pieds sur les chenets; si, au lieu de se trouver en Crimée, sous la glace et la neige, il s'était promené, fumant des *cigares exquis*, sur les boulevards parisiens, le choléra ne l'aurait probablement pas frappé. Pour voir, comme l'a dit Hugo, dans la mort de Saint-Arnaud un châtiment spécial du ciel, il eût fallu que seul il eût été atteint. Or la terrible maladie moissonna des milliers de Français. Les tirades de Hugo sont donc à la fois un outrage au sens commun et au patriotisme. Le parti républicain s'est déshonoré en applaudissant à de pareilles insanités. Une mort est toujours glorieuse quand elle a lieu devant l'ennemi. »

On s'explique maintenant qu'après de pareilles insultes, Victor Hugo ait vécu loin de la France. C'était prudence de sa part. Il s'était fermé tout retour, et il avait belle à s'écrier en parlant des exilés :

Et s'il n'en reste qu'un, je serai celui-là !

Victor Hugo n'aurait pas été en sûreté à Paris. L'Empereur, certes, méprisait ses diatribes ; mais l'entourage, les Magnan, les Saint-Arnaud, les Parieu, les Rouher, ou leurs familles, M. de Morny surtout n'aurait pas été de si bonne composition.

XI. La voie des réformes est glissante et il est dangereux de pratiquer des brèches dans les digues de l'autocratie. Napoléon III, déjà vieux, atteint d'une grave maladie de la vessie, tentait là une aventure toujours périlleuse pour les gouvernements absolus. C'est une guerre au couteau que lui font à cette heure les Hugo, les Rochefort et autres *Irréconciliables*, aux applaudissements d'une bourgeoisie inconsciente, qui se délecte stupidement à la lecture de la *Lanterne*, du *Rappel* et de la *Marseillaise*.

Un soir, M. Lermina, au club des Folies-Bergère,

proposa de condamner, comme « voleur, bandit et falsificateur de monnaies », Louis-Napoléon Bonaparte ; et, la peine de mort étant abolie, de commuer la peine capitale encourue en celle des travaux forcés.

Le 10 janvier 1870, Paschal Grousset, un *Irréconciliable*, envoyait deux témoins, deux Rochefortistes, Victor Noir et Ulric de Fonvielle, provoquer en duel, à Auteuil, le prince Pierre Bonaparte, cousin de l'Empereur. Au cours de la discussion, Victor Noir frappa le prince au visage. Celui-ci fit feu sur son agresseur, qui alla mourir dans la rue. M. de Fonvielle, devant la Haute-Cour, réunie à Tours, soutint que c'était le Prince lui-même qui avait frappé d'abord Victor Noir, puis, *se reculant de deux pas*, avait fait feu. Mais comment admettre qu'un individu frappé au visage ne se jette pas *immédiatement* sur son agresseur, sans même lui laisser le temps *de reculer d'une semelle ?*

Ce récit ne tenait pas debout. Il fut, au contraire, établi par les dépositions de l'architecte Vinviollet et du boucher Lechantre, que M. de Fonvielle, en sortant dans la rue s'était vanté « que le Prince avait été souffleté par son ami ».

L'acquittement s'imposait dès lors ; il fut prononcé par les Hauts-Jurés, et ce, aux applaudissements de tous les vrais démocrates, à la fin fatigués de voir le grand parti républicain se mettre ainsi à la remorque des Hugo, des Rochefort et autres énergumènes du *Rappel* et de la *Marseillaise*.

Les esprits étaient surexcités et dévoyés au point que Gustave Flourens, dans son *Paris livré*, ose raconter tout au long, comme chose naturelle, l'attentat qu'il avait médité contre l'Empereur. Il avait gagné à son idée d'assassinat un sergent déserteur, Beaury. Ce dernier dépensa les sommes reçues et, à bout de ressources, livra le complot au préfet Piétri.

Cependant, les Chambres avaient adopté la nouvelle Constitution. Le pouvoir invita alors la nation à répondre, le 8 mai, par *oui* ou par *non*, à la formule suivante :

« Le peuple approuve les réformes libérales opérées dans la Constitution depuis 1860 par l'Empereur, avec le concours des grands corps de l'État, et ratifie le sénatus-consulte du 20 avril 1870. »

Il y eut sept millions trois cent mille *oui* contre quinze cent mille *non*.

II

GUERRE DE 1870

Affaire Hohenzollern.

I. Lorsque, en 1866, Guillaume de Prusse poussait ses innombrables cohortes dans les défilés de la Bohême, les libéraux français, Jules Favre, Girardin, Adolphe Guéroult, Jules Simon, Ernest Picard, Jules Ferry, Nefftzer, Henri Brisson et leurs journaux, le *Temps*, l'*Opinion Nationale*, etc., faisaient des vœux non équivoques pour le triomphe de la Prusse protestante sur la catholique Autriche. Les néo-Jacobins illuminèrent à la nouvelle de Sadowa et de l'écrasement de l'Autriche. Le *Siècle* s'écriera : « Les cléricaux promènent inutilement le fantôme de l'invasion prussienne, *comme s'il y avait un péril sérieux dans la réunion de vingt-huit millions d'Allemands.* » Le *spirituel* Ernest Picard proposera de remplacer l'armée par la garde nationale, pendant que M. Pelletan soutiendra que le militarisme est le malheur de la France.

Le maréchal Niel, ministre de la Guerre, répliquait à M. Thiers, Jules Simon, Favre et autres membres de l'Opposition : « Vous parlez de levée en masse ! Avec la rapidité qu'ont acquise les opérations militaires, la guerre serait finie avant que les gros contingents fussent prêts à entrer en campagne. »

C'était prophétique. Et comme Jules Favre s'écriait : « Quoi ! vous voulez décréter que la France entière, au lieu d'être un atelier, ne sera plus qu'une vaste caserne ?... Qu'on ne fasse pas cette *nouvelle folie !* » le Maréchal Niel répliquait tristement : « Vous ne voulez pas faire de la France une vaste caserne, dites-vous ?... Prenez garde d'en faire un vaste cimetière ! »

Gambetta, aussitôt député (juillet 1869), demandera le renvoi immédiat de nos soldats dans leurs foyers. En cas d'insurrection, l'Empire serait plus facile à renverser.

Mais, quand on vit que l'Allemagne, sous le sceptre d'un Hohenzollern, devenait tous les jours plus formidable, les mêmes républicains, changeant de tactique, se firent une arme contre l'Empire des victoires de la Prusse. Sadowa devint une défaite pour la France. Aussi le parti bonapartiste, devant ces critiques des opposants, cherchait-il avidement l'occasion de réparer son inaction de 1866 et de briser la menaçante Confédération du Nord. La Prusse comprit que la guerre était inévitable dans un délai rapproché, et elle s'y prépara avec une énergie sauvage, surexcitant par l'histoire, la poésie et le théâtre le patriotisme allemand contre « l'ennemi héréditaire ». Elle arma le peuple allemand de vingt à soixante ans, exigea des officiers l'instruction la plus complète, de ses troupes la discipline la plus sévère ; et, par une organisation qui ne laissait inactive aucune parcelle des forces nationales, par une prévoyance qui utilisait toutes les ressources de l'industrie et de la science, elle constitua, au centre de l'Europe, la plus formidable machine de guerre que le monde eût encore vue : 1,500,000 hommes exercés et armés; tout un peuple soldat.

Le conflit faillit éclater en 1867, à propos des fortifications du Luxembourg. M. de Bismarck se rendit compte que l'opinion publique en Allemagne n'était pas encore assez préparée. Il retira les troupes prussiennes du Grand-Duché, et le choc fatal fut écarté pour un temps.

. II. Vers la fin de 1868, une révolution chassa d'Espagne la reine Isabelle. Le général Prim, un des chefs du mouvement, passa l'année 1869 à la recherche d'un roi constitutionnel. Il s'adressa d'abord à la famille d'Orléans, la plus naturellement située pour remplacer Isabelle. Le Gouvernement français s'opposa à l'intronisation du duc de Montpensier. Prim, pour se venger d'avoir été privé d'un choix qui lui aurait été si commode, se tourna vers l'Allemagne. Le 3 juillet 1870, on apprit que la couronne d'Espagne avait été offerte au prince Léopold de Hohenzollern-Sigmaringen, et acceptée par lui.

Les républicains fulminèrent : « La monarchie de Charles-Quint est restaurée, dirent-ils. La politique du Gouvernement met en péril la sécurité nationale. »

Le *Siècle* : « La France, enlacée sur toutes ses frontières par la Prusse ou par les nations soumises à son influence, se trouverait réduite à un isolement pareil à celui qui motiva les longues luttes de notre ancienne monarchie contre la maison d'Autriche. La situation serait à beaucoup d'égards plus grave qu'au lendemain des traités de 1815. »

Le *Rappel* : « Les Hohenzollern en sont venus à ce point d'audace qu'il ne leur suffit plus d'avoir conquis l'Allemagne. Ils aspirent à dominer l'Europe. Ce sera pour notre époque une éternelle humiliation que ce projet ait été, nous ne dirons pas entrepris, mais seulement conçu.

« FRANÇOIS-VICTOR-HUGO. »

C'était un coup droit. Peut-être, malgré tout, le Pouvoir aurait-il négocié en toute prudence, et sans hâte, avec le Cabinet de Berlin, si l'Opposition républicaine, se rendant compte de la gravité de la situation, avait consenti, par sagesse et patriotisme, à mettre une sourdine à ses attaques, et à ne pas envenimer un débat d'où pouvait sortir une conflagration générale. Il n'y avait qu'à laisser les événements se dérouler et le cabinet des Tuileries poursuivre les pourparlers diplomatiques. Les Espagnols et le maréchal Prim lui-même, qui convoitait le pouvoir suprême, se seraient chargés de rendre sa tâche impossible au prince prussien, lequel aurait fini comme Joseph ou Amédée de Savoie, et peut-être pis, comme Maximilien au Mexique.

Malheureusement, MM. Cochery, Simon, Gambetta et Jules Ferry, tout heureux d'avoir une occasion de se produire et de faire pièce à l'Empire et à Emile Ollivier, s'étaient hâtés de déposer une interpellation sur l'affaire Hohenzollern.

****

Le 6 juillet 1870, M. de Gramont, ministre des Affaires étrangères, parut à la tribune du Corps législatif : « La couronne d'Espagne, dit-il, a été offerte à un prince allemand, et acceptée ; mais le peuple espagnol n'a pas encore prononcé. Nous espérons que cette éventualité ne se produira pas. S'il en était autrement, nous saurions remplir notre devoir sans hésitation et sans faiblesse. »

A ce moment et sur un mot d'ordre, les journaux de l'opposition se déclarent pour la paix : « La France a horreur de la guerre, disent les républicains. Une victoire sur le Rhin serait la ruine de la liberté à Paris ! »

****

Sous la pression de l'Europe, favorable à une solution pacifique, le prince Léopold renonce à sa candidature. Le cabinet des Tuileries allait se tenir satisfait. En élevant de nouvelles prétentions, il comprenait qu'il ôtait à la Prusse tout moyen de retraite, l'humiliait dans sa dignité et l'acculait à la guerre, pour laquelle elle était

I   2.

mieux préparée que nous. L'avantage d'avoir forcé M. de Bismarck à reculer était considérable ; c'était une revanche diplomatique de Sadowa. Emile Ollivier ne dissimulait pas sa satisfaction : « Tout est arrangé ! disait-il dans la salle des Pas-Perdus à M. Thiers et aux nombreux journalistes qui se pressaient autour de lui, avides de nouvelles. Nous sommes à la paix ! »

Alors, nouvelle volte-face des républicains. Leurs organes attaquent avec un redoublement de violence le Gouvernement impérial.

Le *National* : « C'est une paix sinistre que celle dont on nous parle. Qui espère-t-on tromper avec ces joies officielles ? »

Le *Siècle* : « La perspective d'une issue pacifique trouve peu d'enthousiasme dans la presse, et les fanfares du *Constitutionnel* ne rencontrent pas d'échos. »

L'*Opinion Nationale* : « Si M. de Bismarck veut la paix, qu'il recule ; que le Gouvernement parle ferme ; il a toute la France derrière lui. » Les fils Hugo et Delescluze, dans le *Rappel* et le *Réveil* : « Soyez tranquilles ! Comme son intérêt pourrait en souffrir, l'Empereur n'engagera point la guerre. Peu importe une humiliation de plus. »

L'exaspération fut au comble dans les régions officielles. Les ultra-bonapartistes, relégués au second plan depuis l'avènement du ministère Ollivier, dénoncèrent cet homme d'Etat qui, disaient-ils, faisait le jeu des ennemis de l'Empire et compromettait l'avenir de la dynastie. Dans la salle des gardes du Corps législatif, les *mamelucks*, les Jérôme David, les marquis de Piré, se démenaient indignés : « Ce sont des lâches, des misérables ! disaient-ils en parlant des ministres. Ils ne peuvent se contenter de cette insignifiante concession ! La France serait déshonorée ! »

III. Napoléon III, au château de Saint-Cloud, voyait d'un œil inquiet ces manifestations belliqueuses. Mais en proie à une cruelle maladie de la vessie, inerte, sans

volonté, il ne pouvait qu'assister incapable de la maî-
triser, à la surexcitation de l'entourage.

***

Le ministre des Affaires étrangères, M. de Gramont, à
l'insu de l'Empereur et du chef de cabinet, Emile Ollivier, télégraphia à Berlin que le désistement pur et
simple du prince Léopold était insuffisant. Le 12 juillet,
Clément Duvernois, à l'instigation du ministre des
Affaires étrangères, dépose une interpellation « sur les
garanties que le Cabinet avaient stipulées pour éviter le
retour de complications successives avec la Prusse. » De
son côté, M. Jérôme David annonce « qu'il demandera
compte au ministère de sa conduite à l'extérieur, qui non
seulement jette la perturbation dans les diverses bran-
ches de la fortune publique, mais aussi risque de porter
atteinte à la dignité nationale ».

***

On veut que Guillaume s'engage pour l'avenir à em-
pêcher toute candidature d'un prince de Hohenzollern au
trône d'Espagne.

***

Le roi de Prusse se trouvait à ce moment en villégia-
ture à Ems. L'ambassadeur de France, comte Benedetti,
sur l'ordre de M. de Gramont, s'était rendu dans cette
ville et avait de fréquentes entrevues avec le souverain
allemand. Le 13 juillet, le roi étant à table, le comte, qui
l'avait déjà abordé sur la promenade, se fit annoncer.

Guillaume fit répondre par un officier de service qu'il considérait l'incident comme clos et toute discussion inutile sur une affaire terminée à la satisfaction générale.

Le soir même, le roi télégraphiait à Berlin dans le même sens à M. de Bismarck.

Le lendemain, 14 juillet, le comte Benedetti, partant pour Paris, exprima à un aide de camp de service près du roi le désir de prendre congé de Sa Majesté. Le roi lui fit répondre qu'il le verrait dans le salon qui lui est réservé à la gare, quelques instants avant son départ.

A 3 heures 45 du soir, le comte Benedetti présenta ses salutations au roi qui lui serra amicalement la main devant de nombreux témoins.

Voilà les faits exposés dans leur ordre chronologique.

Voilà ce qui se passait à Ems. Nous savons ce qui se passait à Paris. Mais que se passait-il à Berlin ?

Le 13 juillet au soir, trois ministres de Guillaume, MM. de Bismarck, de Moltke et de Roon, dînaient ensemble à Berlin. Au cours du repas, M. de Bismarck reçut du roi une dépêche résumant simplement les incidents de la journée à Ems. Tous trois voulaient la guerre, tous trois virent qu'elle échappait !

Alors, M. de Bismarck intervient. C'est lui-même qui parle dans une lettre publiée par la *Nouvelle Presse libre* de Vienne le 20 novembre 1892 :

« Quand j'eus donné lecture de cette dépêche (du roi), Roon et Moltke laissèrent tomber, d'un même mouvement, couteau et fourchette sur la table et reculèrent leur chaise. — Nous étions tous profondément abattus. Nous avions le sentiment que l'affaire se perdait dans les sables. Je m'adressai à Moltke et lui posai cette question : Notre armée est-elle réellement assez bonne pour que nous puissions commencer la guerre en comptant avec la plus grande probabilité sur le succès ? Moltke avait une confiance inébranlable comme un roc. — Eh bien ! alors, continuez tranquillement à manger, dis-je à mes commensaux. Je m'assis à une petite table ronde qui était placée à côté de la table où l'on mangeait. Je relus attentivement la dépêche, je pris mon crayon et je rayai délibérément tout le passage où il était dit que Benedetti avait demandé une nouvelle audience. Je ne laissai subsister que la tête et la queue. Maintenant la dépêche avait un tout autre air. Je la lus à Moltke et à Roon, dans la nouvelle rédaction que je lui avais donnée. Ils s'écrièrent tous les deux : — Magnifique ! cela produira son effet ! — Nous continuâmes à manger avec le meilleur appétit. »

Sous le crayon de M. de Bismarck, la dépêche d'Ems se trouva transformée ainsi : « *Ems, 13 juillet.* Après que la nouvelle de la nomination officielle du prince de Hohenzollern eût été communiquée au gouvernement français, *l'ambassadeur de France osa demander* au Roi l'autorisation de télégraphier à Paris que le Roi s'engageait pour l'avenir à ne jamais autoriser l'acceptation de la couronne d'Espagne, si le Prince revenait sur son refus. *Le Roi a refusé de recevoir l'ambassadeur de France* et lui fit dire, par l'adjudant de service, que Sa Majesté n'avait plus rien à dire à l'ambassadeur de France. »

Cette rédaction mensongère, provocatrice, les ministres la faisaient aussitôt publier par les journaux de Berlin en édition extraordinaire et distribuer à tout venant. En même temps, *elle était télégraphiée à tous les agents prussiens en Europe,* et plusieurs (ceux de Suisse et de Bavière notamment) la communiquaient officiellement aux gouvernements près desquels ils étaient accrédités.

Elle ne tarda pas à parvenir à la connaissance du cabinet des Tuileries. On juge de sa stupéfaction, de sa colère. La provocation était évidente.

La dépêche était diaboliquement forgée, par M. de Bismarck, à double tranchant. D'un côté, pour surexciter les passions en Allemagne, elle présentait l'ambassadeur français comme ayant manqué de respect au roi de Prusse ; de l'autre, elle ne pouvait manquer de soulever les colères de la France, en présentant le roi de

Prusse comme ayant manqué d'égards envers l'ambassadeur français.

Deux grandes nations vont maintenant se ruer l'une contre l'autre ; et la fondation de l'Empire d'Allemagne repose sur un faux.

IV. Le 15 juillet, M. de Gramont au Sénat, M. Emile Ollivier au Corps législatif, annoncèrent la rupture de nos relations avec la Prusse.

Le rusé chancelier en était arrivé à ses fins : se faire déclarer la guerre par un adversaire non préparé. La *Gazette de l'Allemagne du Nord,* racontant les derniers incidents, disait dans un supplément : « Céder encore serait amener de nouvelles prétentions de la part de la France. » Et l'*Observateur,* de Carlsruhe : « Une seconde édition de l'affaire du Luxembourg entraînerait la chute du comte de Bismarck et briserait la Confédération du Nord. »

A ce moment, nouvelle évolution des républicains. Après avoir, comme nous l'avons vu, poussé le Gouvernement à la guerre, alors qu'il voulait la paix, ils désavouent avec ensemble cette guerre, maintenant qu'elle est devenue irrévocable.

Une opposition qui se respecte ne doit pas se faire une arme, contre le gouvernement de son pays, des complications de la politique extérieure.

Avec leur mauvaise foi ordinaire, les Républicains ont épilogué sur la question de l'insulte à notre ambassadeur. Pourvu qu'ils fassent pièce à l'Empire, peu leur importe de faire le jeu des Prussiens.

Faut-il s'étonner lorsqu'on sait comment ils ont livré Paris à M. de Bismarck et mitraillé, le 22 janvier 1871, les patriotes qui les couvraient de huées ?

*
* *

Comme l'a fort bien observé M. le député Cunéo

M. DE BISMARCK

LE FALSIFICATEUR DE LA DÉPÊCHE D'EMS

d'Ornano dans son remarquable ouvrage : *La République des Napoléon* et dans le *Petit Caporal* du 24 mars 1897, la France a été outragée non par une insulte de Guillaume à notre ambassadeur, insulte qui n'a jamais existé, mais par la dépêche de M. de Bismarck, envoyée à tous les gouvernements d'Europe.

Nous nous serrons amicalement la main ; mais, si le dos tourné un des miens va dire à tout venant que je vous ai outragé, il y a évidemment outrage.

M. de Bismarck n'était pas sans inquiétude du côté de l'Italie. Il craignait que Victor-Emmanuel, notre allié de 1859, entraîné par une générosité chevaleresque, n'envoyât une armée combattre aux côtés des frères d'armes de Magenta et de Solférino. Mais, depuis juillet 1849, le Gouvernement français tenait garnison à Rome et en barrait la route. La réalisation du programme des patriotes de la péninsule : « L'Italie libre, des Alpes à l'Adriatique », restait en suspens. Garibaldi, en novembre 1867, ayant tenté, à la tête de partisans, un coup de main contre la Ville-Eternelle, avait été battu à Mentana, où les chassepots français *avaient fait merveille*, selon l'expression peu heureuse du général de Failly.

A cette époque, Victor-Emmanuel avait même été tellement irrité contre notre intervention, qu'il avait agité, en conseil, la question de s'opposer par la force à l'arrivée des navires français

— La marine est-elle en état de livrer bataille ? demanda le roi à son ministre.

— Sire, répondit ce dernier, elle n'est même pas en état de fuir.

La question se trouva ainsi tranchée ; et nos troupes débarquèrent sans encombre à Civita-Vecchia.

M. de Bismarck comprit qu'il pouvait à cette heure tirer parti de la haine des radicaux italiens contre le Gouvernement impérial. Sur des instructions venues de

Berlin, le ministre de Prusse à Florence, comte d'Arnim, entra en pourparlers avec la Gauche. Il offrit à la démocratie italienne les ressources matérielles pour marcher sur Rome, puisque la monarchie ne voulait pas y aller. En retour, la gauche parlementaire devait créer un mouvement d'opinion contraire à l'alliance française et forcer le roi Victor-Emmanuel à refuser les secours à lui demandés par l'Empereur Napoléon.

Crispi, Cairoli et Nicotera provoquèrent une agitation dans ce sens, et posèrent un ultimatum au roi, qui n'osa point conclure une alliance rendue impopulaire par la propagande radicale. Après Sedan, Victor-Emmanuel, sous la pression irrésistible de la démocratie italienne, dut marcher sur Rome. Le 20 septembre 1870, lorsque le général Cadorna ira s'installer, quelques instants après l'ouverture de la brèche de Porta-Pia, à la villa Patrizzi, le premier membre du corps diplomatique qui viendra le féliciter de l'heureux succès de la campagne sera le comte d'Arnim.

III

LE PLAN LEBŒUF

1. « Êtes-vous vraiment prêt, maréchal ? » avait demandé Napoléon III au ministre de la guerre Lebœuf.

— Sire, je suis prêt !

Le ministre trompait indignement son maître. Il n'était pas prêt !

Les registres parlaient de dix mille canons de campagne ; on n'en trouva pas deux mille. Un lieutenant général écrit de Strasbourg : « Dans les magasins, pas de bidons, pas de gamelles, pas de marmites. Nos soldats ne vivent depuis quatre jours que des aumônes des habitants. On n'a pu faire sauter un pont, faute de poudre de mine. »

I.   3

Paris était sillonné de soldats auxquels on avait eu le tort grave de compter leur solde. Leur tenue était débraillée par suite de la chaleur et de l'ivresse, et ils présentaient un spectacle d'indiscipline qui était un faible présage de victoire.

On aura peine à croire que le 16 août, alors que la France était envahie de tous côtés, au camp de Châlons, à une journée de marche des Prussiens, les mobiles, faute de fusils, montaient la garde avec des manches à balai.

M. Rothan, accrédité auprès de sept Etats de la Confédération germanique, se trouvait à Hambourg au moment de la déclaration de guerre. Il prit aussitôt ses passeports et rentra en France.

« Je laissai, dit-il, l'Allemagne tout entière soulevée, courant aux armes, grave, solennelle, haineuse, comprenant qu'il s'agissait d'une lutte suprême, prête à tous les sacrifices. A Paris, je ne vis que des esprits agités, des scènes tumultueuses, des bandes avinées, se livrant à des saturnales patriotiques. Le contraste était navrant. Il me semblait que le Gouvernement devait être impatient de conférer avec ses agents accrédités en Allemagne, de connaître leurs dernières impressions. Je me trompais. Le ministre avait d'autres préoccupations, et l'Empereur, rongé par la maladie, accablé par les soucis, ne donnait pas d'audiences. Je ne vis dans les salons d'attente des Tuileries que quelques officiers d'ordonnance, insouciants, désœuvrés. Ils jouaient aux cartes, tandis que le souverain, opposé à la guerre, cédait à de sombres prévisions.

« Le duc de Gramont ne me reçut que le surlendemain, 23 juillet. Je le trouvai superbe dans ses allures, hautain dans ses appréciations. Il croyait à la vertu des mitrailleuses ; elles paraissaient être, à ce moment, le dernier mot de sa science diplomatique. Il voyait la Prusse écrasée, implorant la paix, et l'Europe, émerveillée, sollicitant nos bonnes grâces, si bien qu'il dédaignait les alliances. « Nous aurons après nos victoires,

« me disait-il, plus d'alliés que nous n'en voudrons. » Il entendait avoir ses coudées franches au moment de la paix. Il en était à se féliciter de l'évolution de la Bavière et du Wurtemberg. « Vous aviez tort de croire, disait-il « à M. de Saint-Vallier, que nous souhaitions la neutra- « lité des royaumes du Sud ; nous n'en voulons pas ; « elle gênerait nos opérations militaires ; il nous faut « les plaines du Palatinat pour développer nos armées. »

Rebuté du côté de notre diplomatie, M. Rothan porta ses impressions et ses renseignements au maréchal Lebœuf.

« — Que savez-vous, demanda le maréchal, de l'armée allemande et de sa mobilisation ? — Il y a trois jours, répondis-je, lorsque je quittai Hambourg, il paraissait certain que, le 25 juillet, toutes les réserves d'infanterie, le 27 toutes les réserves de cavalerie auraient rejoint leurs corps, et que le 2 août au plus tard toute l'armée serait concentrée. J'ajouterai que le ministre de Prusse à Paris, le baron Werther, a annoncé à la foule, en tra- versant la gare de Hanovre, qu'il était à même d'affir- mer que l'Allemagne avait une forte avance et qu'elle surprendrait l'armée française en pleine formation. »

Les traits du maréchal se contractèrent ; il pâlit, s'agita anxieusement ; les autres questions qu'il adressa à M. Rothan étaient décousues et dénotaient un trouble pro- fond. Il semblait réveillé en sursaut sous le coup d'une nouvelle imprévue, désastreuse pour sa fortune. Il ne pouvait croire à une mobilisation aussi rapide des forces ennemies.

Il y avait déjà vingt jours que la guerre était déclarée, et nous restions immobiles, sans plan, sans vues arrêtées, dispersés sur une ligne de cinquante lieues. Pourtant, avec les 250,000 soldats dont nous disposions, de grandes choses auraient pu être accomplies, si Lebœuf et Mac-Mahon avaient su agir avec vigueur et promptitude. Vingt mille hommes, jetés de l'autre côté du Rhin, eus- sent tenu en respect le grand-duché de Bade et les Etats du Sud ; nous pouvions alors marcher immédiatement sur Trèves avec 220,000 soldats d'élite, rabattre les Prussiens et rejeter leur énorme masse sur Mayence. Les événements changeaient de face. C'est ce que l'on redoutait à Berlin ; et M. Thiers acquit plus tard à Saint-Pétersbourg la preuve que le roi Guillaume lui-même et l'empereur de Russie, convaincus que tel serait le début des hostilités, s'étaient entendus dans cette hypothèse. Le prince Gortschakoff, qui se trouvait à Baden-Baden, avait reçu avis de se hâter ; car, autrement, disait-on, il serait pris par les Français, qui arrivaient au pas de course.

Cependant, les Prussiens avançaient en masses énormes. Le 4 août, Mac-Mahon était battu à Wissembourg.

Pour donner le change à l'opinion, par une tactique qui va devenir habituelle, la Régente fit répandre immédiatement le bruit d'une victoire compensatrice : « Quarante canons enlevés, vingt-cinq mille hommes prisonniers, parmi lesquels le Prince royal de Prusse ! »

Ainsi, au moment même où Mac-Mahon était écrasé à Wœrth, et Frossard à Forbach, Paris, ridicule sans nom, Paris se couvrait de drapeaux !

Même le désastre connu, un journal, le *Figaro,* ouvrit dans ses colonnes une souscription pour offrir une épée d'honneur au vaincu de Wœrth, à Mac-Mahon. Il recueillit, par ma foi, quarante-deux mille francs ! C'est le système de congratulation *quand même* qui commence à fonctionner. Tous les matins, il s'abattait sur les kiosques et à la porte des mairies une nuée de récits fantastiques qui faisaient les délices des amateurs.

Ne nous hâtons pas de flétrir les procédés de l'Impératrice. Avant un mois, Trochu, Favre et Gambetta reprendront ces procédés à leur compte. Alors le *Temps,* l'*Électeur libre* et autres journaux républicains nous entretiendront de victoires non moins fantastiques des hommes de l'Hôtel de Ville.

Temps mémorable où les désastres successifs trouvaient les figures de plus en plus épanouies et où chaque défaite prenait le nom de *défaite providentielle* et était célébrée à l'égal de la plus éclatante victoire !

Au Corps législatif, les députés déclarèrent à l'unanimité que nos généraux avaient bien mérité de la patrie. Dans cette guerre, tout le monde sera successivement admirable, Lebœuf, Mac-Mahon, Uhrich, Bazaine, Trochu, Gambetta. Jamais il ne se sera accompli de tels prodiges : tout le monde méritera de la patrie ; mais personne ne la sauvera.

II. Paris avait fini par s'émouvoir de tant de désastres. Les faubourgs s'agitaient. Le 9 août, une foule menaçante se pressait autour du Corps législatif. Emile Ollivier fut sacrifié. Un ordre du jour, présenté par les bonapartistes purs et accepté par la gauche républicaine, renversa le ministère comme « incapable d'organiser la défense nationale ».

Le général de Palikao, Chevreau, Duvernois et Jérôme David se partagèrent les portefeuilles. L'opinion publique attribuait nos désastres à l'Empereur. Le nouveau cabinet, sur les indications de la gauche, remit au maréchal Bazaine le commandement en chef. Les députés de Paris connaissaient cependant le triste personnage aux mains duquel ils confiaient l'épée de la France. Sa duplicité envers l'infortuné Maximilien, les graves accusations de concussion portées contre lui par les généraux, ses collègues, et tous les bruits qui chargeaient la réputation du chef de l'expédition du Mexique étaient parvenus jusqu'à eux. Mais la haine de l'Empire les aveuglait. L'important était de déposséder Napoléon III. Bazaine était là : autant lui qu'un autre. Bazaine eut son moment de vogue, comme Trochu. Ce dernier avait attiré les regards par une brochure sur la mauvaise organisation de notre armée. Un général qui faisait ainsi de l'opposition à l'Empire ne pouvait être qu'un grand stratégiste. De même, au Palais, un orateur d'estaminet drapé dans une robe et clamant contre le Deux-Décembre, devenait *de plano* émule de Démosthène et de Cicéron. La Gauche fit donc une popularité à Bazaine et à Trochu. Dans la salle des Pas-Perdus du Corps légis-latif, MM. Gambetta et Ferry ne se tenaient pas de joie : « Enfin, s'écriaient-ils, nous avons Bazaine ! L'Em-pereur est perdu ! »

L'Empereur était perdu, soit, mais la France était-elle sauvée ?

III. Le 17 août, dans un conseil de guerre tenu devant l'Empereur au camp de Châlons, Trochu, regardé comme le seul homme capable de contenir par sa popu-larité auprès des républicains la Révolution menaçante, était nommé gouverneur de Paris. Il mettait à son ac-ceptation cette condition (acceptée avec joie par Napo-léon III et les généraux présents) que l'armée de Mac-Mahon quitterait Châlons, position intenable, véritable camp de plaisance, et se rabattrait sur la capitale avec l'Empereur. Le nouveau gouverneur arriva à Paris dans la nuit du 17. Il se rendit immédiatement aux Tuileries et présenta à l'Impératrice une proclamation dans la-quelle il annonçait « qu'il ne précédait l'Empereur que de quelques heures. » Les conseillers de la Régente, M. Rouher, président du Sénat, entre autres, désapprouvè-rent le retour de l'Empereur « comme indigne du souve-rain et attentatoire à sa gloire ». (Déposition de l'amiral Jurien de la Gravière, *Gazette des Tribunaux*, 29 mars 1872. Lettres de l'Impératrice, *ibidem*, 1er avril 1872.)

IV. Le 19 août, M. Rouher, l'ancien vice-empereur, à cette heure président du Sénat, mais regrettant un pouvoir disparu depuis la politique libérale, se rendait à Châlons. Il portait au souverain déchu les instructions, ou plutôt l'*ultimatum* du conseil de Régence.

Dépossédé de tout pouvoir, sans commandement militaire, le puissant autocrate du Deux-Décembre, maintenant brisé par le chagrin et la maladie, se tenait, sombre et solitaire, dans son logis de Courcelles. On le voyait parfois, avec son jeune fils, assis au fond du jar-din et traçant quelque plan ou des dessins sur le sable.

— Il faut, sire, dit M. Rouher, d'une voix brève, il faut marcher vers le Nord !

— Mais c'est là perte de l'armée ?

— C'est le salut de la dynastie ! La Régence s'oppose, d'une manière absolue, à la retraite de Mac-Mahon. D'ailleurs, vous ne rentreriez pas vivant à Paris.

— On me ferait donc assassiner avant d'y arriver ? dit l'Empereur tout pâle.

Et il se mit à marcher à grands pas dans le salon. Soudain, il s'affaissa sur un fauteuil, et de grosses larmes roulèrent sur ses joues amaigries. Abandonné de tous, il sentait qu'on le déposerait, peut-être même qu'on le ferait disparaître s'il osait résister (1).

V. Et alors, malgré les protestations des membres du Conseil de défense, de M. Thiers, du prince Napoléon, de Mac-Mahon et de l'Empereur, l'armée de Châlons, sur l'ordre de l'Impératrice et de M. Rouher, passés généralissimes des forces de la France, s'en alla vers le Nord. Les journaux officieux présentèrent cette marche de flanc, si dangereuse, comme un prodige de stratégie.

De son côté, Bazaine, à Metz, manœuvrait selon le même mot d'ordre des Tuileries, transmis par le chef d'escadron Magnan. Le 16 août, à Mars-la-Tour, le maréchal Bazaine remporta un succès marqué sur les troupes allemandes. On s'est étonné qu'après cette victoire, le commandant de l'armée du Rhin n'eût pas profité de ses avantages et se fût replié sous Metz. C'est qu'il avait pour instructions formelles de ne pas s'éloigner de cette place. Le maréchal n'avait qu'une préoccupation : savoir comment il se rabattrait vers la citadelle. Jamais il ne songea sérieusement à gagner Châlons. En vain, au lendemain de Mars-la-Tour, son armée demandait à grands cris à faire une trouée et à gagner la route de Verdun. La camarilla de l'Impératrice ne le permit

(1) Nous tenons l'émouvante scène qu'on vient de lire de M. Haentjens, ancien député de la Sarthe, gendre du maréchal Magnan et familier des Tuileries. M. Haentjens tenait le récit de la bouche même de l'Empereur mourant.

pas. Pourquoi ? Parce que l'arrivée de Bazaine à Verdun, même après un combat heureux, aurait été considérée à Paris comme une retraite, presque comme une fuite. On n'aurait pas manqué de dire : « — Bazaine abandonne Metz ! — » Et un mouvement révolutionnaire aurait pu éclater. Voilà ce que les bonapartistes voulaient éviter à tout prix.

Au contraire, Bazaine restant sous Metz, Mac-Mahon allant vers le Nord, tout cela présentait un faux air d'offensive et avait quelque chose de mystérieux qui permettait de donner le change à l'opinion publique. Nous nous figurions — et les officieux nous entretenaient soigneusement dans cette idée, — que Bazaine laissait ainsi s'avancer les Prussiens pour tomber au bon moment sur leurs derrières et les prendre entre deux feux.

Pour prolonger quelques jours encore son pouvoir, l'Impératrice, avec la complicité de l'entourage, poussait la dernière armée de la France vers le gouffre de Sedan.

Napoléon III, dans sa lettre du 29 octobre 1870, au feld-maréchal Burgoyne, écrite de Wilhemshœ, où il était retenu prisonnier, a fait lui-même la lumière sur ces événements :

« Revenu à Châlons, a-t-il dit, j'ai voulu conduire à Paris la dernière armée qui nous restait ; mais là encore, des « considérations politiques » nous ont forcé à faire la marche la plus imprudente et la moins stratégique qui a fini par le désastre de Sedan. Voilà, en peu de mots, ce qu'a été la campagne de 1870. »

Toute nation divisée est condamnée. Le 1er septembre 1870, l'armée de Mac-Mahon, malgré des prodiges de valeur de nos soldats, fut cernée et refoulée dans Sedan avec l'Empereur.

Le lendemain matin, le général de Wimpffen, qui avait remplacé Mac-Mahon blessé, signait, sous la dictée du roi Guillaume et de M. de Moltke, une capitulation sans conditions.

VI. Parlant du désastre de Sedan, Victor Hugo, dans

son *Année Terrible*, place dans la bouche de Napoléon III, qui ne s'est pas fait tuer, ces mots :

Je veux vivre !

Or, le correspondant républicain du *Temps* écrivait,
le 2 septembre 1870, à ce journal : « L'Empereur a
voulu mourir. Le fait est maintenant avéré. La mort a
passé près de lui comme près de Ney sur le plateau de
Mont-Saint-Jean, quand les boulets qu'il appelait s'obsti-
naient à l'épargner. »

Le correspondant anglais du journal le *Times* raconte qu'à la bataille de Sedan, «L'Empereur a fait preuve
du plus grand courage ; il a en vain cherché la mort. Un
obus est venu tomber sous les pieds de son cheval. » Le
journal officiel de Berlin, du 8 septembre, dit que,
« d'après des témoins oculaires, à la bataille de Sedan,
l'Empereur Napoléon s'est exposé à un tel point, que son
intention de se faire tuer était évidente. » Enfin, dans la
lettre du publiciste allemand au *Standard* nous lisons :
«... L'opposition a déclaré que la capitulation de Sedan
avait été un acte de lâcheté de l'Empereur ; et ce men-
songe, accepté sans examen, fut une des bases de la
République nouvelle. Cependant, personne ne l'ignore
aujourd'hui, le courage froid de l'Empereur ne l'a pas
abandonné dans cette terrible journée où croulait toute
sa puissance. Pendant plusieurs heures, il s'est exposé
au feu le plus violent s'offrant ainsi à la mort. »

Je sais bien que, parlant de Sedan, M. Camille Pelletan a écrit : « Napoléon III se rendait, sans avoir essayé
ni de percer, ni de mourir, au milieu des champs inondés
de sang français, dans la ruine de la patrie française. »

Mais M. Camille Pelletan n'a pas grande autorité en
ces matières. Les exploits accomplis dans sa famille ne
sont pas tellement éclatants qu'il puisse le prendre de si
haut avec ceux qui ont été au feu et ne sont pas morts.
Son père, Eugène, membre de la Défense après le
4 septembre, s'est-il donc si brillamment conduit en
1870 ? Ne faisait-il pas partie de ce gouvernement

I   3.

d'incapables et de traîtres qui ne surent que se prosterner devant M. de Bismarck, et finalement, le 22 janvier 1871, en arrivèrent à mitrailler, sur la place de l'Hôtel-de-Ville de Paris, les patriotes qui les couvraient de huées? Pelletan et ses amis, se figurant être couverts par l'épithète de républicains, croyaient être à l'abri du fouet vengeur de l'Histoire. Mais l'Histoire sait leur arracher leurs masques et les traîner aux gémonies, *quoique républicains.*

Ecoutons le rapport du général Ducrot sur la journée du 1er septembre. La scène se passe dans le cabinet de l'Empereur, à Sedan, vers dix heures du soir :

Le général de Wimpffen entre avec éclat, levant les bras au ciel et marchant à grands pas : « Sire, s'écria-t-il, si j'ai perdu la bataille, si j'ai été vaincu, c'est que mes ordres n'ont pas été exécutés, c'est que les généraux ont refusé de m'obéir. »

A ces mots, le général Ducrot se lève comme mû par un ressort, et d'un bond se place en face du général de Wimpffen : « Que dites-vous? s'écrie-t-il ; qui a refusé de vous obéir? A qui faites-vous allusion? Serait-ce à moi ! Hélas ! vos ordres n'ont été que trop bien exécutés. Si nous avons subi un affreux désastre, plus affreux que tout ce qu'on a pu rêver, c'est à votre folle présomption que nous le devons. Seul vous en êtes responsable, car si vous n'aviez pas arrêté le mouvement de retraite en dépit de mes instances, nous serions maintenant en sûreté à Mézières, ou du moins hors des atteintes de l'ennemi ! »

Un peu surpris et décontenancé par cette brusque apostrophe du général, qu'il ne savait pas là, le général de Wimpffen dit : « Eh bien, puisque je suis incapable, raison de plus pour que je ne conserve pas le commandement. »

Ducrot. — « Vous avez revendiqué le commandement ce matin, après la blessure de Mac-Mahon, quand vous pensiez qu'il y avait honneur et profit à l'exercer ; je ne vous l'ai pas contesté... alors qu'il était peut-être contestable. Mais, à l'heure qu'il est, vous ne pouvez plus le refuser. Vous seul devez endosser la honte de la capitulation. »

Le général Ducrot était très exalté.

L'Empereur lui-même et les personnes de son entourage s'interposèrent pour le calmer.

On voit que ni M. de Wimpffen ni le général Ducrot ne songent un instant à mettre en cause Napoléon III. Depuis le 9 août, et la remise du commandement en chef au maréchal Bazaine, tout se passait au-dessus du souverain. Si maintenant le lecteur veut bien se rappeler que l'Empereur avait blâmé la marche vers le Nord ; si l'on se souvient, enfin, qu'il s'opposa, avec toute l'énergie que pouvait lui laisser la maladie qui le minait, à la déclaration de guerre, on conviendra qu'il est absolument inique de le charger ainsi de toutes les responsabilités.

Mais comment se fait-il que Victor Hugo, si sévère quand il s'agit de Napoléon III, n'ait pas eu une rime acérée contre les Gambetta, les Floquet et les Jules Ferry ? Ceux-là aussi furent battus, et dans des conditions autrement honteuses ; ceux-là aussi capitulèrent, ceux-là aussi voulurent *vivre*, après avoir, dans leurs proclamations, à Paris et à Tours, juré de vaincre ou de mourir. Mais que parlé-je de Gambetta et de Floquet ? Le poëte n'avait qu'à regarder autour de lui. Ses fils, François et Charles, ses intimes, Meurice et Vacquerie... Ecoutez un instant :

Pendant le siège de Paris, la rédaction du *Rappel*, organe des Hugo, avait offert, aux applaudissements de la Cité, un *canon* à la Défense nationale. Il était splendide, ce colosse de bronze ! Son cou s'allongeait comme un boa ; ses flancs étaient pleins de menaces. J'allai le voir dans la cour du journal ; sa croupe resplendissait au soleil ! Grâce à de puissantes recommandations, et après avoir récité une strophe des *Châtiments*, je fus admis près du monstre d'airain, et pus même introduire mon bras dans sa gueule luisante. Sa portée était énorme. Les boulets étaient dans un coin de la cour, *harmoniéu-*

sement empilés. Ils devaient emporter des files entières de Prussiens. L'ennemi demandait en suppliant un armistice pour enlever ses morts. Vacquerie et Meurice le lui refusaient.

Un mois après, passant rue de Valois, mon attention fut attirée par un cliquetis de fer et un commandement de « Feu! » J'entre. Le canon était là. La rédaction du *Rappel* faisait l'exercice devant la pièce. Victor Hugo, nouveau Tyrtée, et Rochefort, membre du gouvernement, assistaient à la manœuvre et animaient les courages. Soudain le poète agite les bras ; tout son corps tressaille sous une inspiration invincible, et au milieu d'un silence solennel retentissent des paroles prophétiques : « Que ce canon nous venge ! s'écriait Hugo, dont les yeux lançaient des éclairs. Qu'il venge les mères, les orphelins, les veuves ! les fils qui n'ont plus de pères, les pères qui n'ont plus de fils ! Qu'il venge la civilisation, qu'il venge l'honneur universel, la conscience humaine insultée par cette guerre abominable ! Que ce canon soit implacable, fulgurant et terrible, et quand les Prussiens l'entendront gronder, s'ils lui demandent : Qui es-tu ? qu'il réponde : Je suis le coup de foudre, et je m'appelle : LE CANON *du Rappel!* »

Rochefort, François et Charles Hugo, Meurice et Vacquerie, le front dans la poussière, adoraient en une muette admiration. Nous autres, profanes, nous ne pouvions contenir notre enthousiasme, et nous poussions des exclamations de « Vive Hugo ! Mort aux Prussiens! » Mais le canon restait dans la cour... et la rédaction aussi. Elle avait trouvé là un moyen aussi neuf qu'ingénieux de ne pas aller aux avant-postes.

Blanqui haussait les épaules devant ces rodomontades: « Les Hugo, disait-il un jour devant moi d'un air de mépris, les Hugo ? ce sont des *patriotes en chambre !* »

Ce ne sont pas là, de ma part, comme Victor Hugo en vomissait tout à l'heure contre MM. de Parieu et Saint-Arnaud, des injures grossières, des appellations faciles de *voleurs, d'escrocs,* de *Mandrin* ; non. Contre Victor

Hugo je présente des faits précis, je dresse devant le lecteur un front formidable d'accusations. Aussi il est à craindre qu'après avoir voulu mettre les autres au pilori, les Hugo n'y soient eux-mêmes définitivement cloués.

Certes je ne conteste pas le talent de l'écrivain, encore que, fait de mysticisme et sans base scientifique, ce talent ne soit pas aussi grand que le proclament ses adulateurs. Mais le talent ne suffit pas dans la vie politique. Il faut du caractère et de la droiture. Hugo, courtisan de tous les régimes, n'avait ni l'une ni l'autre. Malheur aux peuples inconscients qui suivent de pareils éducateurs !

L'exil fut d'ailleurs léger au poète, et cette *douce France*, après laquelle il semble soupirer dans ses odes, ne parut pas lui manquer beaucoup. Parti à cinquante ans à l'étranger, il y vivra *dix-huit ans* sans encombre ; et quand je l'aperçus en septembre 1870, à son arrivée à la gare du Nord, au lieu des yeux caves du proscrit et de cette face blême de conspirateur qui, chez Cassius et Cimber, préoccupait jadis le César romain, il avait *comme Tartufe,*

Le teint frais et la bouche vermeille!!

VII. Pour juger Napoléon III à sa vraie valeur, il faut le mettre en parallèle avec les gouvernements qui l'ont précédé ; avec Louis-Philippe, rétif à toute réforme et qui sera renversé par le peuple, au 24 février 1848. Dirai-je Charles X et les *Trois Glorieuses*? Le 27 juillet 1830, Paris, provoqué par les Ordonnances, se jeta sur une dynastie abhorrée, vassale du papisme. Tous les vieux lutteurs de la Révolution, les Anciens de la Bastille et du Dix-Août, les farouches Robespierristes, les Montagnards irréductibles dont les cheveux avaient blanchi, mais dont le cœur resté jeune battait avec force, comme aux temps de la première République au seul nom de Liberté, se levèrent en masse, et, sur les barricades, tendirent une main fraternelle aux survivants de la Constituante et de la Gironde, aux débris de la Vieille-Garde et des fantassins de Ney ; et tous ensemble, La Fayette en tête, se ruèrent en armes sur le vieil ennemi de Quatre-Vingt-Neuf.

Moment mémorable, et qu'on ne reverra plus dans l'Histoire de France, où le Peuple, la Grande-Armée et la Bourgeoisie, confondus dans un même enthousiasme pour le Progrès et la Justice, enlevèrent d'assaut les contreforts de l'Obscurantisme !

Charles X vaincu reprit une seconde fois le chemin de l'exil. Avec lui disparaissait à jamais du sol de la Gaule la branche aînée des Bourbons.

VIII. Et les Républiques ? Après la chute de Louis-Philippe, en don de joyeux avènement, les révolutionnaires de Février, Louis Blanc, Garnier-Pagès, Lamartine et Ledru-Rollin commencèrent par frapper la propriété foncière d'un impôt de 45 o/o (45 centimes). Ils avaient garanti aux classes laborieuses le *Droit au travail*. Des Ateliers Nationaux furent ouverts au mois de mars pour venir en aide aux ouvriers atteints par le chômage. Ils ne fonctionnèrent pas trois mois. Le 15 juin, le réactionnaire M. de Falloux avait été chargé du rapport sur le Champ-de-Mars. Il le déposa le lendemain sur le bureau de l'Assemblée. Il concluait à la dissolution immédiate des Ateliers.

Victor Hugo, avec Thiers et Montalembert, applaudit à M. de Falloux : « Autrefois, dit-il, nous avions le désœuvré de l'opulence ; aujourd'hui, nous avons le désœuvré de la misère ; la monarchie avait ses oisifs ; la République aurait-elle ses fainéants ? »

Le gouvernement décida que les ouvriers de dix-sept à vingt-cinq ans seraient enrôlés d'office dans l'armée ou dirigés sur la Sologne pour y dessécher les marais.

Au lieu de tenir compte des circonstances, de procéder avec ménagement, par licenciements successifs, on jetait brutalement cent mille prolétaires sur le pavé.

Le 21 juin, dans la soirée, des colonnes de travailleurs venant du Champs-de-Mars parcourent les boulevards en criant : « A bas l'Assemblée ! Vive la République ! »

D'autres colonnes s'avancent en chantant sur l'air des *Lampions* : « On ne part pas ! On ne part pas ! ».

Bientôt dans la nuit, résonnent, répétés par des milliers de voix, ces mots terribles : « Du travail ! ou du plomb ! Du travail ou du plomb ! ».

C'était le tocsin de l'insurrection.

Le 22 au matin, les faubourgs se hérissent de barricades. De tous côtés des bandes d'ouvriers circulent en criant : « Vive la République ! A bas les traîtres ! »

Le 23, la troupe est aux prises avec le peuple. Le 24, la lutte sévit avec une fureur indicible. Quelques esprits généreux, émus des catastrophes dont ils sont témoins, veulent faire entendre à l'Assemblée des paroles de paix. Germain Sarrut et Victor Considérant prononcent le mot de conciliation. On les chasse de la tribune ; le président Sénard s'oppose à la lecture de leur proposition ! « La question préalable ! » crie-t-on de tous côtés.

Pascal Duprat, de la coterie pseudo-républicaine du *National*, propose que Paris soit déclaré en état de siège, et les pouvoirs remis au général Cavaignac. La droite se rallie avec joie à cette proposition.

En vain, Larabit, Sarrut, Lagrange et Considérant protestent contre la dictature d'un soldat... D'immenses clameurs couvrent leurs voix :

Bérard : « Allez vous joindre aux insurgés ! »

Victor Hugo : « Ce sont des pillards et des incendiaires ! »

Degousée : « Qu'on arrête tous les rédacteurs des journaux socialistes ! »

Tréveneuc : « La garde nationale demande de tous côtés l'état de siège. »

Langlois : « C'est le vœu de la population. »

Garnier-Pagès : « Il faut en finir ! »

Bastide : « Dépêchez-vous ; dans une heure l'Hôtel-de-Ville sera pris. »

Jules Favre, Marie et autres républicains joignent leurs imprécations à celles de la meute réactionnaire, et fraternisent avec les Quentin-Bauchard, les Falloux et les

Babaud-Laribière. « A l'ordre, Caussidière ! La censure contre Larabit ! Aux voix ! Nous nous rallions à la proposition Pascal Duprat. »

Et Cavaignac est proclamé dictateur.

L'insurrection fut écrasée, et avec une cruauté qui fit dire à Louis-Philippe, retiré à Claremont : « Il n'y a que les gouvernements anonymes qui puissent se permettre une répression pareille. »

La férocité de Cavaignac lui valut le surnom de *Boucher de Paris*.

C'est ce qui explique que, lorsque Louis Bonaparte apparut, le Peuple se soit tourné vers lui comme vers un Protecteur, presque un Vengeur !

Ce fut la première et la plus terrible des batailles de classes livrées sur le vieux continent européen, depuis Spartacus. Là fut commencée cette démonstration, qu'as chèvera le siège de Paris, en 1870, que, lorsque leurs intérêts sont en jeu, les républicains ne se différencient pas des monarchistes ; il n'y a plus que des bandes de tigres à face humaine se ruant sur d'humbles prolétaires qui ont, non pas voulu avoir leur part au banquet, mais seulement fait mine d'en ramasser quelques miettes !... On vit des gardes nationaux larder à coups de baïonnettes, dans le jardin des Tuileries, de malheureux prisonniers enfermés sous les terrasses, et qui mettaient la tête aux soupiraux pour respirer un air moins méphitique.

Les soldats de la ligne durent parfois intervenir pour protéger ces infortunés contre tant de barbarie.

Et pourtant on était en République, et sur tous les bâtiments on venait de graver en lettres majuscules ces mots magiques :

LIBERTÉ, ÉGALITÉ, FRATERNITÉ.

Comment avait-on oublié : OU LA MORT ?

La question du *Droit au travail* se trouva ainsi naturellement réglée... par l'extermination des travailleurs.

L'horreur des journées de Juin se perpétua dans la

mémoire des hommes ; et lorsque, le 18 mars 1871, un des plus sinistres lieutenants de Cavaignac, Clément Thomas, tombera sous les balles, rue des Rosiers, on lui lancera ce cri vengeur : « Souviens-toi de 48 ! »

IX. Que dire des successeurs de Napoléon III ? De Trochu, Gambetta, Grévy ? Leurs noms seuls prononcés évoquent l'idée de trahisons, de capitulations, de massacres (Janvier et Mai 1871), de dilapidations sur les marchés de la guerre, de vente de décorations ? Et ce Sadi Carnot, sous qui se consomma l'immense escroquerie du Panama ? On l'avait choisi, celui-là, après l'expulsion de l'*intègre* Grévy, comme le plus vertueux, pour assainir la République. Et c'est lui qui menait la saturnale effrénée des concussionnaires ! Comme le rôdeur de barrières qui fait le guet à la porte d'une villa pendant que ses complices travaillent à l'intérieur, Carnot s'était installé devant la façade de la République, avec sa barbe luisante, taillée en carré, son plastron immaculé, haut sur col, pour inspirer le respect aux passants, et donner le coup de sifflet d'alarme aux acolytes dévalisant la France. Comme Grévy, comme Burdeau, l'indicateur d'Arton, il a eu des funérailles nationales ; on l'a porté au Panthéon, et le czar Nicolas qui, sur la foi des journaux opportunistes, a cru, qu'on me passe l'expression, *que c'était arrivé*, a, dans la candeur de la jeunesse, envoyé une couronne d'or, que les Anglais de l'agence Cook se bousculent pour admirer, et qu'un jour où l'autre un de nos ministres à court d'argent enlèvera subrepticement de nuit de son caveau pour la vendre à un amateur.

Ce n'est pas là cette République que l'on avait rêvée ; celle pour qui tant de tribuns ont combattu ; celle pour qui tant de héros sont morts ! Si certaines démocraties sont si glorieuses devant l'Histoire, c'est parce qu'elles ont laissé de nobles exemples, et qu'elles comptaient des hommes et des caractères.

Si la République tombe, en France, ce sera pour longtemps. Les penseurs indépendants ont pris la mesure d'un régime où nul n'est responsable, où le Peuple n'est pas protégé contre les entreprises de financiers omnipotents, où, sous le couvert de l'anonymat, les gouvernants peuvent trahir, capituler, piller à l'aise ; où, quand par hasard le voile s'entr'ouvre, on aperçoit, dans l'ombre mystérieuse des couloirs officiels, comme jadis à Venise, des hommes *que personne ne connaissait*, des Cornélius Herz, des Arton et des Reinach, tenant pantelants, sous leurs talons de chèques, ministres, députés, sénateurs et jusqu'aux présidents de République eux-mêmes ! Il faudra que bien des générations aient passé sur le sol de la Gaule, avant que des hommes politiques puissent recommencer à vanter une forme de gouvernement qui nous a valu les capitulations et les massacres de 1871, la perte de tout prestige à l'extérieur, la profonde démoralisation des masses et le scandale des dilapidations publiques.

La vie politique est morte. Les aigrefins mènent le Parlement et disposent de la Magistrature. Une troupe de maîtres-chanteurs détient toutes les avenues de la publicité, pontifie dans les journaux, forme l'opinion, parle à la France *ex Cathedra*, ne nous fait savoir que ce qu'il lui plaît, et aide au drainage de l'épargne nationale. Dans notre République, tombée au-dessous des Républiques italiennes du Moyen-Age, nul n'a assez de prestige et d'autorité pour en imposer a x malandrins et protéger les humbles et les faibles,

Nous avons l'illusion de la liberté ; en fait, nous sommes un troupeau d'esclaves.

Le mot de Pascal, sur la religion, peut peut-être s'appliquer à la politique : un peu de philosophie amène à la République ; beaucoup de philosophie en éloigne.

X. Ainsi opposée aux monarques et aux personnages qui, dans le cours du siècle, ont tenu entre leurs mains les destinées des peuples, la figure de Napoléon III s'éclaire et se transforme singulièrement. Une défaite pèse peu aux yeux du Penseur, qui juge un règne non d'après les accroissements de territoire, mais sur l'avancement du progrès. Combien, sur ce terrain, Louis Bonaparté est supérieur à son adversaire Guillaume, qui, après avoir chassé le Parlement, gouverna sans contrôle, tint les infortunés Allemands sous le joug le plus pesant, après les avoir, en 1848, fusillés de telle sorte que l'appellation lui en était venue de *Guillaume le Mitrailleur*? Il faut en rabattre, et moi-même, le premier, de tout ce que j'ai dit contre Napoléon III, dans ma *Troisième République* et ma *Révolution*.

L'Histoire, s'élevant au-dessus des passions des partis, réforme des jugements iniques et assigne à Louis Bonaparte, dans les Annales des Nations, une place des plus honorables. Ce souverain, que des écrivains sans convictions et des pamphlétaires sans surface nous ont présenté comme une sorte de féroce despote asiatique, était au contraire un esprit ouvert aux idées modernes. Doux et affable, accessible à tous, il était encore écrivain de valeur, et, dans des ouvrages remarquables, il a plaidé avec éloquence la cause des humbles et des déshérités. Alors que tant de monarques, après avoir promis tous les droits, n'en laissent pas un debout, lui, l'autocrate victorieux en Crimée et dans les champs de la Lombardie, dispensa les libertés à pleines mains ; et il put un moment, devant l'Europe attentive, prononcer ces belles paroles : « Partout où passe le drapeau de la France, une grande armée le précède, un grand peuple le suit ! »

IV

LE 4 SEPTEMBRE 1870

I. Pendant que ces terribles événements s'accomplissaient dans les Ardennes et sur les rives de la Moselle, les grands boulevards parisiens n'avaient rien perdu de leur animation. Les cafés regorgeaient de consommateurs ; les concerts des Champs-Élysées enregistraient les plus fructueuses recettes. A la vérité, depuis huit jours, on était sans nouvelles des armées ; mais on était si certain du succès final qu'on n'en perdait pas un divertissement. Il était d'ailleurs inutile d'aller aux informations. M de Palikao avait dit en pleine Chambre qu'il ne se dérangerait plus pour répondre à des interrogations indiscrètes. L'Impératrice, M. Rouher et lui se devaient tout entiers à l'organisation de la victoire. Il daigna cependant sortir de son mutisme à la fin du mois d'août. Pressé de questions, il s'écria : « Si je parlais, Paris illuminerait ! »

Heureusement qu'il ne parla pas ! Il nous aurait fait, comme il le disait, sortir nos lampions au moment même de Sedan.

Nous sommes au 3 septembre. Nous avons vu que le 1er au soir nos soldats avaient été refoulés dans Sedan. Le 2 au matin, les hauteurs environnantes apparaissent couvertes de Prussiens, hérissées de canons prêts à foudroyer la ville et l'armée. A dix heures, le général de Wimpffen signe une capitulation impossible à éviter. Elle livre aux Allemands, l'Empereur, un maréchal de France, trente-neuf généraux, deux cent quarante officiers d'état-major, quatre-vingt-cinq mille soldats et trois cents bouches à feu. Ce même 2 septembre, vers une heure de l'après-midi, Napoléon III rend son épée au roi Guillaume et part en captivité pour le château de Wilhemshoë, près Cassel.

Le 2 septembre au soir, toute l'Europe connaissait, par les dépêches, le désastre de Sedan et la reddition de l'Empereur.

Du temps de César et de la guerre des Arvernes, soit par des feux allumés sur les montagnes, soit par des signaux conventionnels, soit par ces grands courants populaires qui transmettent, par une sorte de fluide mystérieux, les commotions sociales à des distances énormes et avec une inexplicable rapidité, la nouvelle de la défaite du 1er septembre aurait été connue de toute la Gaule la nuit même. Eh bien, à notre époque de chemins de fer et de télégraphe, le *3 septembre, à cinq heures du soir, à Paris*, les journaux entretenaient encore le public de victoires fantastiques ! Voici les dépêches transmises par le ministère et l'*Agence Havas* le 3 septembre, et affichées aux portes des mairies :

« Bouillon, 31 août. Un combat a commencé près de Bazeilles. Les Français *auraient pris trente pièces de canon.* »

« Bouillon, 1er septembre. Bazaine pousserait les Prussiens vers le camp de Sedan. »

On s'écrasait pour lire ces réconfortantes nouvelles. On ne sortait pas, il est vrai, les drapeaux, car la trop célèbre journée du 6 août avait rendu circonspect ; on les préparait ; on les époussetait ; on n'attendait, pour les déployer, que la relation officielle de nos victoires.

Les députés républicains, malgré toutes les précautions prises par le ministère (arrêt à la frontière des feuilles étrangères, confiscation des dépêches), connaissaient certainement, dès le 2 septembre au soir, soit par des correspondances privées, impossibles à supprimer, soit par des voyageurs arrivant du dehors avec des journaux, le désastre de Sedan. En quelques heures, un train express vient de Bruxelles à Paris. Pourquoi donc gardèrent-ils par devers eux, jusqu'à la dernière minute, le secret de nos défaites dans les Ardennes ? Parce qu'ils redoutaient, autant que la Régente elle-même, un mouvement insurrectionnel dans Paris. N'oublions pas que Flourens, Vallès, Granger, Lissagaray, Delescluze, Blanqui, et tous les hommes d'action du parti révolutionnaire étaient fort mal vus de l'opposition parlementaire, des Ferry, des Simon et des Gambetta.

Depuis nos premiers échecs, l'unique préoccupation de la Gauche était d'amener la Régence à lui faire une part dans le gouvernement. On s'explique maintenant la raison de son silence ; les journées des 2 et 3 septembre et la matinée du 4 furent employées (nous verrons à ce sujet les aveux de M. Garnier-Pagès lui-même) en d'actives négociations entre la Gauche et la Régence. Si elles eussent abouti à temps, Paris apprenait à la fois la défaite de Sedan... et le triomphe de l'opposition. L'Impératrice, habillement conseillée, pouvait sauver la couronne de son jeune fils en jetant quelques lambeaux de ministères aux aboyeurs de la minorité. Les organes républicains auraient crié victoire, et ces bons Parisiens illuminaient peut-être.

II. Le 3 septembre, vers sept heures du soir, la nouvelle de la capitulation de Sedan commença à se répandre dans la cité. L'émotion y fut grande ; elle se traduisit non par une marche immédiate sur les Tuileries, mais par des vociférations plus désagréables que dangereuses pour le pouvoir impérial. A neuf heures, le poste des sergents de ville du boulevard Poissonnière, fatigué des clameurs, osa opérer une charge à fond sur les manifestants dont plusieurs furent blessés. La foule, ainsi éconduite, au lieu de se précipiter sur les hommes de police, se contenta de les huer... à distance respectueuse.

Les ministres, après délibération avec l'Impératrice-Régente, avaient fait transmettre au président Schneider l'ordre de convoquer les députés pour une séance de nuit. A dix heures du soir les députés arrivent. Les chefs de la majorité circonviennent les membres de l'Opposition. Il leur est dit que l'Empereur, dont l'Impératrice-Régente et les ministres sont délégués, étant prisonnier des Prussiens, le pouvoir est vacant de fait et que l'Impératrice va déposer son abdication entre les mains des représentants de la France.

« En présence de cette démarche solennelle, dit M. Garnier-Pagès (Discours prononcé le 4 septembre à 9 heures du soir, dans la galerie des fêtes du Corps législatif, devant 150 députés), l'Opposition était résolue à prendre acte de ce fait, et ajournait la demande de déchéance. La séance ouverte à minuit, l'attente est vaine. Rien de ce qui a été annoncé ne se réalise. L'Impératrice et les ministres gardent le silence, ne pouvant se résoudre à déposer des pouvoirs qui logiquement ne sont plus. »

Il résulte de ces paroles que, le désastre de Sedan connu,

les députés républicains, au lieu d'appeler le peuple aux armes, intriguaient dans les couloirs. On se demande par quel étrange aveuglement les bonapartistes repoussèrent la proposition de salut que la gauche leur offrait ? Cette Commission de gouvernement que demandaient les députés de Paris, n'en laissait-on pas la nomination au Corps législatif ? Avec quelques sacrifices de personnes, le vaisseau impérial qui penchait sur l'abîme se relevait.

M. de Palikao avait évidemment eu vent de l'échauffourée du boulevard Poissonnière ; il pensait, avec raison, avoir peu à craindre d'une population qui s'était enfuie à tire-d'aile devant une poignée de policiers. Le président du Conseil, d'un ton dégagé, se plaignit même *d'avoir été dérangé de son sommeil!*

Vers une heure du matin, Jules Favre donne lecture de la proposition suivante :

« Article 1er. — Louis-Napoléon Bonaparte et sa dynastie sont déclarés déchus des pouvoirs que leur a conférés la Constitution.

« Art. 2. — Il sera nommé par le Corps législatif une commission de Gouvernement composée de... — Vous fixerez, messieurs, le nombre de membres que vous jugerez convenable dans votre majorité — ...qui sera investie de tous les pouvoirs du Gouvernement, et qui aura pour mission expresse de *résister à outrance à l'invasion* et de chasser l'ennemi du territoire. »

Personne ne prit la parole pour répondre ou protester, et l'Assemblée se sépara à deux heures du matin en s'ajournant à midi.

Les promesses d'abdication et de démission circulèrent de nouveau dans la matinée. Vers dix heures, des dépêches successives annoncèrent que Lyon et Bordeaux, fatigués d'attendre Paris, avaient pris les devants et proclamé la République. Ces nouvelles contrarièrent les membres de la gauche. Gambetta se confondait en protestations auprès de Palikao, et nul doute que si les choses eussent tourné autrement dans la journée, on n'eût réprouvé énergiquement les émeutiers du Rhône et de

la Gironde : « Croyez-bien, monsieur le ministre que…—
Comment donc, messieurs ! Je ne vous fais pas l'injure
de… »

L'histoire est toujours la même : une révolution avorte-
t-elle ? Les habiles en sont quittes pour répudier les fau-
teurs du mouvement. Quand elle réussit, ils s'emparent
du pouvoir. L'armée qui les a portés à l'Hôtel-de-Ville
demande alors qu'on réalise les réformes promises.
Comme on a promis des chimères, on répond par des
coups de canon, et l'on envoie sur les pontons ceux que
la mitraille a épargnés.

C'est l'histoire de 1848 ; ce sera l'histoire de 1870.

III. Le dimanche 4 septembre, par un soleil splendide, dès le matin, la foule roulait vers la place de la Concorde. Le gouverneur Trochu n'avait pris aucune dispo-
sition militaire sérieuse pour protéger la représentation
nationale.

En froid avec l'Impératrice, avide des acclamations populaires et des flatteries des opposants, il se confine dans
le Louvre et n'en bougera de la journée. Un simple
escadron de gardes municipaux et quelques escouades
de sergents de ville occupaient le pont. Les députés,
comme nous savons, conféraient dans les bureaux lon-
guement et doctoralement sur les formules : « Nom-
mera-t-on une *Commission* ou un *Contrôle* ? Un comité
de *Régence* ou de *Gouvernement* ? » Tels les moines de
Byzance discutant sur la lumière incréée, au moment
même où Mahomet donnait le signal de l'assaut.

Le Corps législatif, incapable d'un acte de virilité, ne
sut ni proclamer à temps la déchéance, ni se saisir lui-
même du pouvoir.

La séance ouverte à midi, l'abdication de l'Impératrice et la démission des ministres ne furent pas déposées
comme on était autorisé à le penser. Loin de là, se rete-
nant avec âpreté au pouvoir qui lui échappait, le président du Conseil eut l'audace de lire un projet de loi par
lequel il réclamait pour lui la lieutenance générale, en
conservant le Gouvernement impérial.

Les Gambetta et les Ferry ne protestèrent pas ; et l'on ne sait trop ce qu'il serait advenu de toutes ces intrigues, si le peuple, se présentant soudain, n'eût dispersé les acteurs et brusqué le dénouement.

Il allait être deux heures. La foule qui se pressait à la tête du pont de la Concorde devenait de plus en plus houleuse et impatiente. Par la rue de Rivoli, les quais et la Madeleine arrivaient des groupes affublés de shakos et de tuniques. Un mot d'ordre avait été donné, le matin, par les journaux de l'opposition : « Les gardes nationaux sont invités à se trouver en uniforme, sans armes, à une heure, place de la Concorde. » Et tout Parisien était devenu garde national. On avait sorti des armoires les gibernes et les uniformes de 1848. Les magasins d'assortiments militaires avaient été dévalisés. Il se vendit dans la matinée plus de cent mille képis. Les troupes massées devant le Corps législatif ne savaient plus si elles avaient devant elles la garde nationale de l'Empire, épurée, bien pensante et *respectable*, ou la garde nationale improvisée.

Debout sur les marches du Palais-Bourbon et le long de la colonnade, les journalistes opposant set les anciens députés agitaient leurs chapeaux et appelaient le peuple massé place de la Concorde.

Voici qu'au loin, au milieu de roulements de tambours, s'élèvent d'immenses acclamations : « Vive la République ! A bas l'Empire ! » De la rue Royale débouche en uniforme, sans armes, une colonne compacte de gardes nationaux. Cette masse d'hommes, marchant sur soixante rangs de front, sévères, froids, les bras croisés, présente un spectacle imposant. Le commandant des troupes de la place de la Concorde examine avec sa lorgnette. Sa figure se rembrunit. Il hoche la tête. Evidemment la colonne va vouloir forcer le pont. Les citoyens qui en font partie ont une attitude déterminée qui ne laisse aucun doute sur leur intention d'arriver quand même au Corps législatif. Si la colonne n'est pas sur-le-champ brisée à coups de fusil ou dispersée par une charge à fond, tout

I   4

est perdu. L'instant est des plus critiques. Un frémissement agite la foule. Chacun est sur le qui-vive.. Va-t-on charger ? Les officiers se consultent. Ils savent la mésinelligence qui règne entre Trochu et l'Impératrice... Ils regardent leurs hommes. Ceux-ci, dressés sur leurs étriers, semblent examiner avec curiosité cette avalanche humaine, grossie des manifestants qu'elle a rencontrés sur la place. La pression à la tête du pont est formidable Les agents de police la contiennent un instant: « N'avancez pas citoyens ! » Mais eux-mêmes déjà reculent. Bientôt la poussée d'arrière devient irrésistible : la colonne veut avancer... et avance. Enfin tout cède, les agents sont renversés, les chevaux se cabrent et entraînent leurs cavaliers. Le pont est conquis. La vague humaine vient s'abattre sur les grilles du Palais et les enfonce. En vain Ferry, Gambetta, Crémieux et Giraud se précipitent au-devant des envahisseurs et les supplient de respecter l'enceinte législative. Ils sont emportés par le torrent.

En un clin d'œil, les tribunes, les Pas-Perdus, la salle des séances se remplissent d'une foule innombrable. Le président Schneider, après avoir essayé un instant de dominer l'orage, se couvre et disparaît par un couloir latéral. Un inconnu monte alors au fauteuil et crie : « Vive la République ! »

GAMBETTA. — Citoyens, ne faisons pas de révolution.

Les cris : « Assez ! A bas les endormeurs !... A bas les avocats ! » lui coupent la parole. Un étudiant le saisit par les pans de son habit et veut le jeter en bas de la tribune. Des gardes nationaux du 6e et du 8e bataillon, aidés de Jules Ferry, de Steenackers et d'Edmond Adam, se portent au secours de Gambetta, le dégagent et s'installent solidement dans l'hémicycle. Les jeunes gens qui occupaient le fauteuil présidentiel sont repoussés. Un calme relatif se fait.

M. DE KÉRATRY. — Je conjure les citoyens qui n'appartiennent pas à la garde nationale de s'écarter de la tribune.

Une voix — La garde nationale actuelle est réactionnaire.

Gambetta. — Citoyens, n'avez-vous pas confiance en
vos représentants ?

Une voix. — Non! (*Protestations, tumulte.*)

Voix nombreuses, au centre. — Oui! oui! nous
avons confiance en vous ! Vive Gambetta! Vivent les députés de la Seine!

Autres voix dans l'hémicycle. — Dehors, ceux qui
ne veulent pas de Gambetta?

Jules Vallès (*s'adressant au groupe Ferry*). — Es-
sayez donc de faire sortir quelqu'un.

Granger (*s'adressant à Gambetta et à Ferry*). —
Le peuple est entré ici malgré vous et il y restera contre
vous ! (*Acclamations sur le haut des gradins.*)

Et puisque les députés de Paris se refusent à proclamer la déchéance, le peuple va...

Ferry, Gambetta. — Vous n'avez pas qualité pour
émettre une proposition...

Delescluze. — A cette heure, nous avons autant qualité que vous. Vous n'êtes plus rien vous-mêmes!
(*Bravo!*)

Steenackers, Gambetta, Ferry et Edmond Adam se
consultent.

Gambetta. — Eh bien! citoyens... citoyens, écoutez-
moi... Je vais vous donner satisfaction... citoyens. (*Silence!*)

« Attendu que la patrie est en danger;

« Attendu que le temps nécessaire a été donné à la représentation nationale pour prononcer la déchéance ;

« Attendu que nous sommes un pouvoir régulier,

« Nous déclarons Louis Bonaparte et sa dynastie déchus. » (*Acclamations.*)

Bientôt le tumulte recommence : « C'est la République
que nous voulons ! »

Gambetta. — Non, pas République; criez : Vive
France! *vous dis-je.*

Les vociférations redoublent. De nouveau la tribune

est assaillie. Une lutte s'engage au pied de l'escalier. Un homme en blouse s'approche de Jules Favre et lui montrant le poing : « Tu es payé par Bonaparte ! ».

Voix sur les gradins. — Ils émargent tous au budget... Ils défendent leur traitement.

Voix dans les tribunes. — Ce sont des assermentés !...

Autres voix. — Ils ont peur ! Proclamons la République nous-mêmes !

Mais les députés et les républicains bourgeois sont en force. L'hémicycle reste en leur pouvoir. Le fauteuil présidentiel, objectif des révolutionnaires, est inabordable. Un quadruple front de gardes nationaux le protège.

A ce moment, refoulé sur les gradins supérieurs, je fais remarquer à mes amis l'aspect et la composition de la salle. Je leur montre sur l'escalier de la tribune, dans l'hémicycle et sur les premiers bancs de l'enceinte, les rangs pressés des hommes d'ordre, les gardes nationaux réguliers protégeant les députés-avocats contre les révolutionnaires ; les rédactions des journaux légitimistes et orléanistes au grand complet ; et, groupé aux deux entrées de la salle, comme pour les défendre contre de nouveaux arrivants, l'état-major conservateur des VIIe, VIIIe et IXe arrondissements.

Le mouvement est bien antibonapartiste, il n'est pas républicain.

La confusion était toujours inexprimable. Les cris de : « Vive la France ! » se croisaient dans l'air avec ceux de « Vive la République ! » Les têtes s'échauffaient. L'obstination de Gambetta et de ses amis à repousser la République paraissait étrange et exaspérait les hommes d'action. On allait en venir aux mains.

Voix, sur les gradins. — Finissons-en ! À bas les assermentés !... À bas les vendus ! Enlevons-les !...

JULES FAVRE. — Citoyens, pas de journée sanglante !... Du calme !...

Voix nombreuses. — La République ! c'est la République que nous voulons !

Jules Favre. — La République, citoyens, ce n'est pas ici qu'il faut la proclamer... C'est à l'Hôtel de Ville.

Lors Ferry, Steenackers, Gambetta crient : « A l'Hôtel de Ville ! A l'Hôtel de Ville ! » et sortent de la salle des séances.

La foule s'écoule précipitamment au dehors sur les pas des députés.

En descendant de la Tribune, Jules Favre et Gambetta ont eu soin de faire remarquer aux sténographes «qu'ils n'avaient nullement proclamé la République ». Ce dernier incident est rapporté dans ces termes par M. Taxile Delord, rédacteur du *Siècle* (*Histoire du second Empire*, le 4 septembre). Il est significatif et vient à l'appui de notre récit. Gambetta et Favre, ignorants de ce qui se passait au dehors, et ne sachant encore trop qu'elle serait l'issue de la crise, prenaient leurs précautions en vue d'un retour offensif de l'Empire, et mettaient d'avance à couvert leur responsabilité.

La République ne sera proclamée qu'à cinq heures à l'Hôtel de Ville. A ce moment tout danger aura disparu pour les députés de Paris, les chefs du Gouvernement impérial ayant renoncé à la lutte.

IV. Pendant qu'on envahissait le Corps législatif, un groupe de gardes nationaux et de citoyens assaillait le jardin des Tuileries par la place de la Concorde. Les grilles étaient fermées. Un piquet de zouaves stationnait dans le poste, et derrière les barreaux, des factionnaires se promenaient de long en large, le chassepot sur l'épaule. Cent bras puissants ébranlent les grilles, qui cèdent. La sentinelle crie aux armes ! Aussitôt des gardes nationaux s'avancent la crosse en l'air, et acclament les zouaves. On crie : « Vive Trochu ! Vive l'armée ! » Pendant qu'on parlemente, les soldats fraternisent avec le peuple. L'officier de service, voyant qu'il ne peut pas compter sur ses hommes, fait serrer les rangs et s'éloigne avec son

I4.

peloton. La garde nationale prend possession du poste et ouvre les portes toutes grandes. La foule se répand alors dans les allées et arrive au jardin réservé. Ici, obstacle plus redoutable : le passage est barré, et à deux cents pas, devant le Palais, est rangé en ordre de bataille un régiment de ligne, baïonnette au bout du fusil. Quelques timides, ayant vu un certain mouvement dans les rangs des soldats, croient qu'ils vont faire feu et prennent la fuite. On leur dit : « Restons tous ! L'armée ne tirera pas sur le peuple sans armes. »

Un garde national en tenue, M. Ravenez, attache un mouchoir au bout d'un fusil et fait signe qu'il veut parlementer. Le général Mellinet, sabre au poing, escorté de grenadiers de la garde, s'avance d'un air menaçant et ordonne de charger. La foule crie : « Vive Trochu ! vive l'armée ! » Les soldats lèvent la crosse en l'air !

Alors retentissent d'immenses acclamations de : « Vive la garde ! Vive l'armée ! A bas l'Empire ! » Le général Mellinet disparaît furieux dans l'intérieur du Palais : « Fuyez, madame, dit-il à l'Impératrice. Fuyez ! Trochu a trahi ! ».

Il est quatre heures. Le drapeau qui flotte sur le dôme des Tuileries s'abaisse au milieu des cris de : « Vive la République ! »

V. Le peuple avait ouvert les portes de la prison de Sainte-Pélagie, et les détenus politiques arrivaient à l'Hôtel de Ville, la boutonnière fleurie de rouge, le rédacteur de la *Lanterne* en tête. Rochefort, qui était député de Paris, alla rejoindre ses collègues dans l'Hôtel de Ville : « Faisons-lui une place, dit Ernest Picard à l'oreille de Favre. Il vaut mieux l'avoir dedans que dehors. »

Gambetta, ses collègues consultés, paraît alors au balcon du palais. Le silence se fait. Il lit : « République Française !... » (*Exclamations ironiques. Ah ! Ah ! Enfin ! Silence ! Silence ! Ecoutez !*)

Gambetta reprend : « République Française. Il est

constitué un *Gouvernement de la Défense nationale*.

« Ce gouvernement est ainsi composé :

« Emmanuel Arago, Crémieux, Jules Favre, Jules Ferry, Gambetta, Garnier-Pagès, Glais-Bizoin, Eugène Pelletan, Ernest Picard, Rochefort, Jules Simon. »

Voix diverses. — Louis Blanc ! Ledru-Rollin ! Blanqui ! Delescluze ! A bas les assermentés !

Gambetta. — Citoyens, le gouvernement doit avoir un caractère purement national, non politique : nous avons simplement groupé les noms des députés de Paris, déjà investis d'un mandat populaire. (*Rumeurs, exclamations diverses.*)

Du balcon de l'Hôtel de Ville, les membres du gouvernement assistaient, inquiets, à ces manifestations peu sympathiques. S'étant portés eux-mêmes au pouvoir, déjà suspects au parti d'action, ils envisagèrent vite combien était fragile leur autorité. Et ils se mirent à la recherche d'un protecteur. Le général Trochu, l'œil aux aguets, écoutant les bruits de la rue, ayant le sentiment de la trahison commise en laissant envahir sans le défendre le Palais législatif et s'attendant à chaque instant à voir entrer dans son salon les gardes qui venaient le saisir, attendait, livide, dans le Louvre. Soudain, sa face pâle s'illumine d'un sourire satanique. Le sang revient sur ses joues décolorées. La rue de Rivoli retentissait de milliers de : « Vive la République ! Vive Trochu ! » En même temps un groupe de députés de l'opposition entre en coup de vent dans son salon : « Général, l'Empire n'est plus. La République est proclamée ! »

Après la première effusion, l'un des personnages prit la parole : « Je suis, dit-il, en s'adressant à Trochu, M. Steenackers, député. Nous sommes envoyés vers vous pour vous annoncer qu'il se passe à l'Hôtel de Ville un véritable drame ; la foule l'entoure ; des députés dont voici les noms s'y sont réunis pour former un gouvernement provisoire. Mais l'Hôtel de Ville n'est pas gardé, et les résolutions auxquelles on s'arrêtera n'auront pas de sanction, quelles qu'elles soient. On a pensé que votre nom serait une sanction et qu'il servirait de ralliement aux troupes restées dans Paris. »

« Je demandai, dit Trochu, cinq minutes pour voir ma famille. Je lui dis : « L'heure de ma croix est venue ; j'y « vais, car je pense que c'est mon devoir. Me suivrez- « vous dans la voie douloureuse ? — Oui, puisque c'est « votre devoir. » Et je partis pour l'Hôtel de Ville. »

Etrange langage pour un homme de guerre ! Il parle de *sa croix*, de la *voie douloureuse !* Il ne manque plus que la *couronne d'épines* et le *Jardin des Oliviers*.

Trochu arrive à l'Hôtel de Ville. Au lieu de s'écrier : « Les Prussiens avancent, il faut vaincre ou mourir. Vous avez besoin de moi, me voilà ! » il demande aux Favre, aux Gambetta et aux Ferry : « Promettez-vous de défendre la religion, la famille et la propriété ? » Et les Ferry et les Gambetta, au lieu de pousser vers la porte par les épaules ce génovéfain botté, l'acclament en chœur Président du Gouvernement de la Défense Nationale.

VI. La journée du 4 septembre, si belle, si grande aux yeux du vulgaire, est en réalité sans aucune signification. Elle effaça, il est vrai, le mot « Empire » au frontispice des institutions françaises ; elle laissa intactes les institutions elles-mêmes. Nous avons vu comment Gambetta, lorsque la foule criait : « Vive la République ! » répondit d'un air d'autorité : « Non pas République ; criez : « Vive France ! *vous dis-je.* » La foule ne l'écouta pas : inconsciente, elle ramassa les politiques de profession qui jadis, sous les empereurs romains, auraient rempli le rôle de l'esclave chargé de siffler derrière le char du triomphateur. Et le fait est qu'ils sifflaient de si bon cœur qu'on avait oublié qu'ils étaient payés par Bonaparte lui-même et lui avaient prêté serment. Favre, Gambetta et Picard eussent volontiers refusé l'élévation ; aussi imploraient-ils de la Chambre un vote qui leur permît de s'asseoir légalement sur le char triomphal que le Maître venait de quitter. Mais le peuple était impatient d'en finir. Les timides esclaves délibéraient encore que déjà mille mains les avaient hissés sur le pavois.

Le soulagement fut inénarrable. On a ainsi, à chaque révolution, la naïveté de se croire sauvé. On embrasse dans une immense effusion l'idéal qui semble se rapprocher ; on entend les craquements de la vieille société ; la Justice et le Droit brisent leurs chaînes ; chacun dit : « Nous entrons dans une ère nouvelle ! »

On n'entre que dans un gouvernement nouveau !

VII. L'un des premiers soins du cénacle d'avocats qui prit la direction des affaires fut de maintenir *les situations acquises*. Vainement on demandait à Gambetta et à Ferry pourquoi ils n'avaient pas maintenu la situation de l'Empereur et celle de ses ministres. Ils auraient pu répondre que, pour être ministres eux-mêmes, force avait bien été de renvoyer ces derniers. Les intimes seuls, les piliers d'estaminet, les écrivains de cinquième ordre, supérieurs au piquet et à l'écarté, furent pourvus. Le plus grand nombre parmi ceux-là n'avaient jamais su s'il faisait froid à Mazas, et n'avaient connu qu'en photographie l'horrible figure de Delesvaux. Quant aux vieux tribuns blanchis dans les batailles sociales et meurtris au service de la Vérité, ils restaient en arrière. Ces gens qui se bousculent aux portes des ministères et s'écrasent les pieds dans les antichambres leur inspirent un profond dégoût. Eux qui ont entendu le grondement des vagues sous les murs de Belle-Isle et qui ont été brûlés par le soleil torride de Cayenne et de Lambessa regardent avec une souveraine pitié ces timides siffleurs, ces pâles opposants de la veille qui, le danger passé, paradent en héros et aspirent à être valets parce qu'ils n'ont jamais su être autre chose.

On cherchait en vain dans les colonnes du *Journal officiel* des 5 et 6 septembre un énergique appel aux armes, un décret de levée en masse. Au lieu de se précipiter sur l'ennemi, on se précipitait sur les places. Le café du *Rat-Mort*, la *Cave* de Frontin et la brasserie

Serpente arrivèrent aux affaires avec un contingent de démocrates remarquables surtout par le nombre surprenant de bocks qu'ils pouvaient dépêcher en un quart d'heure. La France subissait deux invasions à la fois, la Prusse... et la Bohême.

Jamais historien n'eut à enregistrer un aussi subit effondrement d'un parti. En général, après une révolution, la faction triomphante, *à l'état naissant*, et dans l'élan de la vitesse acquise, déploie une initiative féconde, fait preuve d'énergie, montre qu'elle avait un objectif. Il semble qu'un sang nouveau circule dans les veines de la nation. Au Quatre-Septembre 1870, rien de pareil. Dès le premier jour, le néant. La République arrive... et nous tombons plus bas que sous Charles V et Isabeau de Bavière.

VIII. La chose aurait pu être prévue dès 1868. En définitive, quel corps de doctrines présentait à la nation française l'Opposition de l'époque ? Où était son programme ? Quel était son personnel ?

En fait de doctrine et de programme, l'Opposition se contentait de mettre en avant, sans discernement aucun, tous les *desiderata* qui germaient dans les cerveaux des exaltés et les lançait à la tête de l'Empire. Il nous suffira de rappeler que Gambetta et Ferry, par exemple, demandaient énergiquement, en 1869, dans leurs professions de foi, la séparation de l'Eglise et de l'Etat, séparation qu'ils repousseront non moins énergiquement comme inopportune en 1880. Le programme des républicains reposait sur une négation : la haine de l'Empire.

La démocratie n'avait pour guides que des mécontents, des Hugo, des Vacquerie, anciens patrons de Louis Bonaparte lui-même, en 1848. Quand on avait lu sous le manteau quelque pièce des *Châtiments*, tout était dit. Ce ramassis d'injures tenait lieu de doctrines et de principes.

En 1789, l'Opposition avait les célèbres *Cahiers*. En 1868, pour *Cahiers*, nous avions les *Châtiments*, c'est-à-dire une œuvre de haine et de mauvaise foi.

L'Opposition en 1869, je l'ai déjà dit, n'avait qu'un but : organiser le désordre. Ses aspirations se résumaient dans ce mot vague : République ! Mais comment cette République serait-elle organisée ? Quel serait son fonctionnement? Personne n'en savait rien.

La critique d'un gouvernement quelconque est toujours facile : on aura toujours beau jeu à montrer les défectuosités de l'état social. Il est relativement aisé de grouper autour de soi un parti de malheureux, révoltés contre l'injustice, et qui demain peut-être passeront des paroles aux actes, s'imaginant qu'il suffit de faire des barricades pour améliorer son sort. Il l'est beaucoup moins de passer à l'organisation sociale nouvelle, de réparer l'iniquité d'un siècle, surtout quand on n'apporte à cette œuvre ni travail antérieur, ni méditation, ni conscience sincère, ce qui était le cas des membres du nouveau Gouvernement. Dans ce Directoire de douze personnes, Jules Favre, Jules Simon, Garnier-Pagès et Arago avaient déjà perdu par leur incapacité la République de 1848.

Gambetta, inventé par l'aigrefin Laurier, n'était qu'un orateur de club, ressentant des haines et bouillonnant de passions de toute sorte. Mais ces moyens, qui suffisent à élever un homme, sont impuissants à le maintenir dans les hauteurs : arrivé à une certaine altitude, il faut savoir s'orienter, relever le point, autrement dit, il faut des études antérieures, un système arrêté, l'aptitude à l'exécuter, la force d'âme pour en supporter le poids, la dignité de la vie pour pénétrer les secrets de la conscience d'une nation,

Trochu était un général de sacristie qui, de même que Gambetta par un discours, n'avait fait ses preuves que par une brochure.

Henri Rochefort, depuis 1868, dans sa *Lanterne*, avait fait une campagne de tirailleur contre l'Empire. Mais des tirailleurs, pour arriver à un résultat, doivent avoir derrière eux un solide corps d'armée qui prendra leur place au moment psychologique et enfoncera à coups de principes les carrés ennemis. Ce corps d'armée, l'historien ne l'aperçoit nulle part. M. Rochefort était donc isolé. Et quand il arrivera au pouvoir, comme aucune étude ne l'a préparé au difficile maniement des affaires publiques et aux intrigues de gouvernants, il sera sans boussole au milieu de la tempête ; n'osera pas se saisir du gouvernail et balayer les fourbes ; craindra d'en appeler au peuple ; flottera, sans initiative, au caprice de Trochu, et, finalement, sombrera le 31 octobre au soir, conspué par ses collègues qu'il abandonne, maudit par le peuple qu'il a trahi.

Qu'apercevons-nous encore dans le personnel gouvernemental de l'Hôtel de Ville ? Un vaudevilliste, Étienne Arago, comme maire de Paris, avec l'*austère* Brisson, comme second ; des rêveurs comme Eugène Pelletan, des journalistes comme Spuller.

En 1867, lors d'une visite de l'empereur Alexandre II au Palais de Justice, à Paris, un avocat, jusqu'alors beaucoup plus connu par les proportions démesurées de ses chapeaux que par l'ampleur de son éloquence, Floquet, s'était posté sur le passage du Czar et lui avait lancé ce cri : « Vive la Pologne, monsieur ! »

Il y avait, dans cette apostrophe, à la fois un manque de savoir-vivre (Alexandre II étant l'hôte de la France) et une ignorance absolue des véritables causes du soulèvement polonais. Le mouvement n'était rien moins que démocratique ; l'insurrection était fomentée là-bas par les évêques catholiques ; de telle sorte que crier : « Vive la Pologne ! » revenait en réalité à crier : « Vivent les papistes ! » toutes choses que M. Floquet et les politiciens de son école ne soupçonnaient même pas.

Mais la nouvelle République était peu difficile en fait de capacités, et l'homme qui avait poussé un pareil cri était tout indiqué pour les plus hautes situations. Son incartade constituait un titre des plus sérieux à l'administration du pays. Floquet entra avec Etienne Arago et l'austère Brisson à la Mairie centrale.

IX. Ce jugement sur les hommes du 4 septembre

paraîtra peut-être sévère. Ecoutez, cependant, ce que dit Gustave Flourens dans son *Paris livré*, pages 60 et 61 :

« La journée du 4 septembre fut l'œuvre de quelques imposteurs et d'un peuple abusé qui prit le nom de la République pour la chose. Comme Trochu commandait dans Paris au nom de Bonaparte, il fut facile, par la trahison de cet homme, d'acclamer la République. Trochu, étroite cervelle, fermée à toute idée moderne. Jules Favre, qui lui aussi *pratique*, va à confesse, Judas qui ne rêve que restrictions du suffrage universel. Ils s'associèrent à d'autres assermentés, tous violant leur serment de fidélité à l'Empire. Jules Ferry, avocat de dix-huitième ordre, remarquable seulement par sa morgue et son insuffisance. Gambetta, un révolutionnaire manqué, un Danton, un Hoche et un Washington tout ensemble ; en résumé, une bruyante incapacité, un avocat qui ne doute de rien, se mêle de tout, et ne sait rien faire. Pelletan, le meilleur fils du monde, et surtout le plus incapable des hommes. Jules Favre consentit dédaigneusement à admettre Rochefort dans les rangs de cette dictature. Rien ne fut négligé pour l'annuler, pour le dépopulariser, jusqu'au jour où on put sans danger le laisser sortir de cette caverne d'assassins du peuple qu'il n'aurait jamais dû hanter. »

X. Et tandis qu'au milieu de mouvements d'allégresse, chacun emménage, Ferry à la Préfecture, Arago à la Mairie, Picard aux finances, Gambetta et Spuller à l'Intérieur, les Prussiens avancent ; et en ce moment, où les minutes sont des siècles, rien n'est fait pour les entraver dans leur marche.

Pourtant, jamais dans notre histoire on n'avait tout d'abord vu une ardeur aussi générale, une entente aussi unanime. Durant la longue guerre de Cent Ans sous Jean le Bon et Charles VI; plus tard, sous la Ligue; plus près de nous, pendant la Révolution, le pays était en proie à des divisions intestines. Tandis que le Nord luttait contre l'étranger, le Sud l'appelait. Jeanne d'Arc délivre Orléans, mais Paris acclame Bedford. En 1794, l'armée de

Sambre-et-Meuse se couvre de gloire et nos hussards, étonnant l'Océan, font prisonnière la flotte hollandaise; mais Toulon a ouvert ses portes aux Anglais et le Bocage se hérisse de Chouans

Au 4 septembre 1870, au contraire, quelle admirable communauté de sentiments! Du Nord au Midi, un souffle puissant de patriotisme fait battre les cœurs. Toutes les divisions, toutes les haines s'évanouissent et se résolvent dans une même pensée : la délivrance du sol national.

Quel élan, que de généreuse abnégation chez les principaux organes de l'opinion publique!

M. Léonce Détroyat, le 5 septembre, écrivait dans la *Liberté* : « Ne perdons pas notre temps à discuter le Gouvernement. Acceptons-le. Songeons que l'ennemi s'avance, et n'ayons qu'un même vœu, celui de sauver la patrie ou de mourir pour son salut. »

Dans le *Français*, M. Beslay : « Ce n'est pas le moment de s'applaudir ni de récriminer. Il n'y a pas une heure, pas une minute à perdre. Aux armes ! »

La *Patrie en danger*, que le vieux révolutionnaire de 1848, Blanqui, venait de fonder, faisait adhésion au nouveau Gouvernement et lui promettait son appui, « pourvu, toutefois, que ce Gouvernement jurât de défendre le sol national. En présence de l'ennemi, plus de partis ni de menaces… Plus de rodomontades ! Plus d'illusions ! Que le canon d'alarme proclame le danger de la patrie… Qu'on sache bien que c'est l'agonie qui commence, si ce n'est pas la résurrection. »

Les journaux bonapartistes eux-mêmes, le *Public* et la *Patrie*, « conjurent instamment la nation de suivre sans hésitation les conseils qui lui sont donnés : que l'union et la concorde soient générales entre tous les citoyens, afin de tenir tête à l'ennemi et de résister énergiquement à l'invasion. »

Le *Journal de Paris*, par la plume de M. Edouard Hervé, est d'avis « qu'on ne doit plus avoir d'autres pensées que de sauver la patrie. La France entière se lèvera autour de nous et chassera l'ennemi du territoire ». Et comme pour ratifier ces paroles, le prince de Joinville (colonel Lutherott) et le duc de Chartres, sous le nom d'un de ses plus illustres ancêtres, Robert-le-Fort, le héros de Brissarthe, quittaient en hâte l'Angleterre et venaient combattre sous le drapeau tricolore.

Enfin, Louis Veuillot, de l'*Univers*, s'écriait, en un magnifique langage : « Si Paris ne résiste pas, la France sera honteusement précipitée dans une nuit longue, peut-être éternelle ! Que Paris doive donc aux hommes au pouvoir de se montrer digne de la Patrie ; la postérité les absoudra. Mais s'ils ne sont sortis de leurs tavernes de conspiration que pour donner à la Prusse l'Alsace et la Lorraine, qui pardonnera jamais à leur mémoire ? O Dieu juste ! votre France écrasée sous une botte de uhlan et ensuite dévorée par ces vers pullulants du cadavre de l'Empire ! Ne permettez pas cela, Seigneur ! »

La bourgeoisie était prête aux derniers sacrifices. Les grandes maisons de Banque, les Compagnies d'assurances, les Magasins de nouveautés, le *Louvre* et le *Bon Marché*, maintenaient leurs traitements à leurs employés appelés sous les drapeaux. Les magistrats, les hauts barons de la finance, les juges consulaires, les membres de la Cour de cassation faisaient prendre les armes à leurs fils et se faisaient inscrire eux-mêmes sur les cadres de la garde nationale active.

Il faut le dire, à la gloire des conservateurs de 1870 : ils montrèrent, par leur brillante conduite à Buzenval, dans le Maine et à Patay, que l'honneur national engagé, ils ne regardaient ni à la forme du Gouvernement, ni à la qualité des gouvernants. Pendant que les fils des parents et amis des ministres républicains se réfugiaient à l'envi dans les ambulances et les bureaux, eux, le fusil sur l'épaule, équipés à leurs frais, par le froid et la neige, ils s'en allèrent noblement et autrement qu'à coups de proclamations, disputer la terre de France aux descendants d'Arminius !

V

TROISIÈME RÉPUBLIQUE

1. Au 5 septembre, il y avait un moment psychologique qu'il fallait saisir, une ardeur qu'on devait se hâter de mettre à profit, si l'on ne voulait la voir disparaître. L'enthousiasme guerrier est un feu qui s'éteint vite si on tarde à alimenter le brasier. Il ne faut pas laisser à la réflexion le temps de se produire, d'envisager les périls à courir, les fatigues d'une campagne.

Le Gouvernement n'avait qu'à faire un signe : la terre se couvrait d'hommes et de canons. Ce signe, le Gouvernement ne voulut pas le faire.

On croirait difficilement, si nous n'en apportions ici les preuves, qu'à peine installé à l'Hôtel de Ville le Gouvernement ne songea qu'aux mesures à prendre contre les Parisiens. M. Jules Simon ose en faire l'aveu dans son livre la *Défense nationale* :

« L'émeute fut notre préoccupation constante, dit-il. *Les Prussiens y comptaient* ; M. de Bismarck le disait tout haut. Il paraissait impossible d'y échapper. Que feraient, en cas de collision, les autres partis ? Les bonapartistes iraient-ils à eux ? Les légitimistes, les orléanistes viendraient-ils à nous ?... » Enfin : « Quelles étaient nos ressources matérielles pour le maintien de l'ordre ? M. de Kératry, le nouveau préfet de police, ne nous rassurait pas sur le compte des sergents de ville. Quelle que soit la docilité de la police, on ne peut pas attendre d'elle qu'elle poursuive un homme le matin et qu'elle lui obéisse fidèlement le soir. *C'était une bonne meute*, mais absolument déroutée. Il est vrai *qu'en la lançant contre M. Blanqui* et ses adhérents, on *ne la changeait pas de gibier.* »

Voilà donc quelles préoccupations hantaient l'esprit des hommes de la Défense ! On comprend maintenant qu'absorbés par les soins de la lutte à organiser contre Blanqui et les faubourgs, ils n'aient plus eu le temps de fortifier Châtillon, encore moins d'armer la garde nationale. Comment livrer des fusils à des hommes qu'on soupçonne de vouloir s'en servir contre vous ?

« *Les Prussiens y comptaient* », dit M. Jules Simon.

L'impératrice ne parlait pas autrement sous l'empire : « Parisiens, l'armée se concentre et prépare un nouvel effort. S'agiter à Paris, ce serait combattre contre elle et affaiblir, au moment décisif, la force morale qui lui est nécessaire pour vaincre. *Nos ennemis y comptent.* »

Ainsi que la Régente, les avocats de l'Hôtel de Ville ont à leur tour peur du peuple, et ils se hâtent de présenter toute manifestation contre eux comme prussienne.

« M. de Bismarck le *disait tout haut* », ajoute M. Jules Simon.

Il est inouï qu'on aille ramasser les propos perfides d'un ennemi pour s'en faire une arme contre des citoyens. M. de Bismarck disait ce qu'il voulait, et je ne pense pas que, parlant, il eût en vue le bien de la France. Il était dans son rôle en cherchant à jeter la division parmi nous, et il n'y réussissait que trop.

Si le rusé chancelier pouvait parler ainsi *tout haut* d'émeutes prochaines dans Paris, c'est qu'il avait déjà pris la mesure du nouveau personnel dirigeant. Il savait que Trochu, Favre, Simon et Gambetta qualifiaientt de *folie* la résistance à l'envahisseur, et, sans être grand prophète, il pouvait annoncer de prochains conflits entre les rhéteurs de l'Hôtel de Ville, impatients de capituler, et les patriotes des faubourgs, partisans de la lutte à outrance.

Si, comme aux grands jours de 1793, le peuple avait vu, sur le plateau de Châtillon, Trochu, Rochefort, Floquet et Gambetta, ceints des trois couleurs, charger, à la tête des bataillons parisiens, les grenadiers de Poméranie, jamais il n'y aurait eu de manifestation place de Grève, et M. de Bismarck n'aurait pu tabler sur nos divisions. Les membres du Gouvernement venaient aux avants-postes... en coupés capitonnés. Le 19 janvier, à Buzenval, Trochu dirigera les opérations à l'abri des casemates du Mont-Valérien ! Lorsque dans une cité en péril les chefs manquent à leur devoir, l'anarchie est fatale, la guerre civile est proche.

II. Les rhéteurs de l'Hôtel de Ville s'étaient un moment figuré que, Bonaparte renversé, le roi Guillaume allait arrêter la marche victorieuse de ses armées et s'écrier : « Soldats, votre œuvre se trouve terminée de la façon la plus brillante : la République est proclamée en France. Gambetta est ministre. Victor Hugo est revenu à Paris après dix-huit ans d'exil. C'est assez ! Vous pouvez rentrer dans vos foyers, fiers du résultat obtenu, rassasiés de gloire et suivis des bénédictions de Rochefort. »

Les hommes de Septembre ne tardèrent pas à être désabusés. En vain ils prodiguaient leurs sourires aux Allemands ; en vain ils inondaient les chancelleries européennes des plus attendrissantes circulaires ; en vain Hugo, l'ancien courtisan de Charles X, passé poète officiel de la nouvelle République, adressait aux Prussiens, *des Frères*, les plus éloquentes adjurations, essayant sur les Teutons ses effets, irrésistibles pour les Français, d'*ombre* et de *lumière*. Rien n'y fit.

« Nous voulons poursuivre la lutte jusqu'au bout, dit la *Correspondance de Berlin*, organe de M. de Bismarck. La France nous a d'abord attaqués comme bonapartiste, elle est maintenant en face de nous comme républicaine. Nous considérons cette transformation de notre adversaire comme un fait providentiel.

« Si, en effet, la France avait été forcée de faire la paix sous Napoléon, on n'aurait pas manqué de dire bientôt : « Oui, la France a été battue sous Bonaparte, avec la République, elle aurait été invincible. » Eh bien ! la France est aujourd'hui en République, et nos braves troupes lui montreront qu'avec cette métamorphose elle n'est devenue ni plus forte ni plus vaillante.

« Le gouvernement provisoire est composé d'hommes qui sont moralement les auteurs de la guerre, car ils ont toujours flatté et excité le chauvinisme. A la vérité, ils ont, dès l'abord, et par convenance démocratique, élevé quelques objections timides, mais pour faire chorus, au moment décisif, avec la troupe bonapartiste.

« Jules Favre et Trochu, comme Ollivier et Palikao, vont à leur tour entretenir le peuple dans l'ignorance de la situation réelle. Jamais ils ne pourront se résigner aux conditions de paix qu'exige la sûreté de l'Allemagne.

« Quelles que soient les personnes qui tiennent le gouvernail, nous ne devons pas attendre que nos adversaires *se dégrisent*, avant que Paris soit en notre pouvoir. »

III. Malgré d'aussi catégoriques déclarations de l'organe autorisé de la chancellerie prussienne, les hommes de Septembre ne voulurent pas se le tenir pour dit.

Jules Favre faisait demander une entrevue à M. de Bismarck. Elle eut lieu à Ferrières. Le comte exigea l'occupation de Strasbourg, de Toul et de Phalsbourg, enfin un fort dominant Paris, celui du Mont-Valérien, par exemple. Jules Favre l'interrompit pour lui dire : « Il est bien plus simple de nous demander Paris. Comment voulez-vous admettre qu'une Assemblée française délibère sous votre canon ? J'ai eu l'honneur de vous dire que je transmettrais fidèlement notre entretien au gouvernement : je ne sais vraiment si j'oserai lui dire que vous m'avez fait une telle proposition. »

Ici, Jules Favre se figurait que M. de Bismarck, épouvanté, allait tomber éperdu à ses pieds en s'écriant : « De grâce, monsieur Favre, ne dites pas à Trochu, Gambetta et Rochefort que je vous ai tenu pareil langage ! Ils seraient capables de marcher immédiatement sur Meaux et d'exterminer l'armée prussienne ! » Lors, le généreux Favre, relevant le chancelier : « Eh bien, soit ! Je consens à ne rien dire à Gambetta et à Rochefort. » Au lieu de cette humble posture, M. de Bismarck, hautain comme un vainqueur a le droit de l'être, souligna ses premières déclarations : « Il nous faut Strasbourg ; la ville va tomber entre nos mains ; ce n'est plus qu'une question d'ingénieurs. La garnison sera prisonnière de guerre. »

« A ces mots, dit Jules Favre dans son rapport, je bondis d'indignation et les larmes étouffèrent ma voix… »

Les négociations furent rompues, et le lendemain le *Journal officiel* contenait la phrase célèbre :

« Nous ne céderons ni un pouce de notre territoire ni une pierre de nos forteresses. »

Blanqui aurait même voulu que le Gouvernement ajoutât : « Ni un écu de nos coffres. »

Il faudra en rabattre !

On ne faisait rien pour mettre les actes à la hauteur d'aussi superbes paroles ; tous préparatifs d'une résistance énergique manquaient absolument.

Est-ce donc ainsi qu'on fait la guerre ? Comment ! Les Allemands approchent ! Déjà leurs coureurs sont signalés à Chennevières, à Chantilly, dans les bois de Mortefontaine et sur les hauteurs de Montmédian. Le 18 septembre, ils arrivent sous les murs de Paris sans qu'un coup de fusil leur ait disputé le moindre passage ! Si le gouvernement l'eût voulu, s'il avait distribué à la garde nationale les armes qui étaient dans les dépôts, cent mille volontaires, bourgeois et faubouriens, unis dans un même amour de l'indépendance, dans une même haine de la féodalité teutonne, auraient pu aller au devant des Prussiens jusqu'à Château-Thierry, Dammartin, Montfermeil et se retirer lentement en livrant vingt combats meurtriers. En quinze jours, cent mille terrassiers, jetés sur le plateau de Châtillon, auraient pu rendre inexpugnable la redoute déjà commencée.

L'avénement de la République, qui aurait dû activer les travaux de défense, les avait arrêtés net.

Quand on fait une révolution devant l'ennemi, quand on renverse un gouvernement, on est tenu de faire mieux que lui. Une accusation dont ne se lavera jamais le général Trochu, c'est qu'il n'a pas fait son devoir de soldat. Jamais chef de pouvoir n'eut d'abord devant lui tant de bonnes volontés. Jamais dictateur n'eut à son service de pareils dévouements !

HISTOIRE

DE LA

GUERRE DE 1870

L'*Histoire de la Guerre de 1870* est tirée du célèbre ouvrage d'Alfred Bertezène : l'*Histoire de Cent Ans et de Trois Républiques* : 1792-1848-1870. Cet ouvrage est depuis longtemps introuvable en librairie, et jamais il n'a pu pénétrer jusqu'au Peuple, au grand détriment de son éducation, faussée par des écrivains de parti.

Avec l'*Histoire de la Guerre de 1870*, le Peuple, pour une somme modique, aura non une œuvre de compilation, mais un Livre vivant, d'un Penseur connu par trente ans d'études et de travaux.

L'ouvrage sera complet en quatre volumes.

TOME I

Prix du volume : 50 centimes

Ajouter 5 centimes par volume pour le recevoir franco par la poste.

EN VENTE

Aux Bureaux du Journal **LA VOIX DE PARIS**

12, rue Grange-Batelière, 12

1093. Société an. de l'Imp. Kugelmann, 12, rue Grange-Batelière, P.
(G. Balitout, directeur).

www.ingramcontent.com/pod-product-compliance
Ingram Content Group UK Ltd.
Pitfield, Milton Keynes, MK11 3LW, UK
UKHW022332070726
13614UKWH00003B/1051